T0153696

edition ✤ chrismon

Bibliografische Information der Deutschen Bibliothek:
Die Deutsche Bibliothek verzeichnet diese Publikation in der
Deutschen Nationalbibliografie; detaillierte bibliografische
Daten sind im Internet über http://dnb.ddb.de abrufbar.

Gestaltung: Kristin Kamprad
Titelillustration: Gosia Machon
Druck und Bindung: Lindendruck Verlagsgesellschaft mbH, Hannover

Printed in Germany, ISBN 978-3-86921-074-2

Wendet sich die Erde GEGEN uns?

Naturkatastrophe, atomarer GAU und Gottesglaube

KATRIN GÖRING-ECKARDT
ELLEN UEBERSCHÄR

Ein Gespräch, geführt von Amet Bick
und Andreas Lehmann

4   # Inhalt

KAPITEL I

6

Die Apokalypse und unser Bild von Gott

Die vergangenen zehn Jahre haben das menschliche Fassungsvermögen, was natur- wie menschengemachte Katastrophen betrifft, heftig strapaziert: die Wahrnehmung und Zuspitzung des Klimawandels, der 11. September 2001 und die Folgen, 2004 der Tsunami mit über 200 000 Toten, der Hurrican Katrina in New Orleans, der Ausbruch des Vulkans Eyjafjallajökull, der den Flugverkehr in Europa über Wochen lahmlegte, die Finanzkrise, das Erdbeben in Chile, das mutmaßlich die Erdachse um acht Zentimeter verschob, oder der Blowout der Erdölplattform Deepwater Horizon mit der schwersten Umweltkatastrophe dieser Art. Und jetzt das Desaster in Japan, mit Erdbeben, Tsunami und außer Kontrolle geratenen Kernreaktoren und radioaktiver Verseuchung. Es gibt nicht wenige Menschen, die all das zusammengenommen als Zeichen der kommenden Apokalypse sehen.

KATRIN GÖRING-ECKARDT   Wer heute den Begriff Apokalypse benutzt, will doch wahrscheinlich sagen: Ich kann all das nicht aushalten. Es ist der Versuch einer Deutung, im Grunde aber eigentlich nur eine Art, Hilflosigkeit zum Ausdruck zu bringen, die Katastrophen nicht mehr ordnen zu können. Zeitgleich reden wir ja über Naturereignisse und menschenverursachte Katastrophen. Dass Menschen sich um ihre Heimat, ihr Umfeld sorgen, dass sie fragen, ob alles wirklich so weiter gehen kann, im Machbarkeits- und Wachstumsglauben, das ist die zusätzliche Frage, die verunsichert, wütend macht, aber auch aktiv werden lässt. Es ist mehr als 20 Jahre her, dass so viele Menschen unterschiedlichster Bildung, Herkunft, Alters ihre Meinung, ihre Enttäuschung, ihre Alternativvorstellungen öffentlich dokumentierten, im Internet, auf der Straße, in den Leserbriefspalten.

Aber ist es legitim, vor diesen im Grunde biblischen Katastrophen zu kapitulieren und sie als „apokalyptisch" zu deuten oder als Zeichen einer bevorstehenden Apokalypse?

KATRIN GÖRING-ECKARDT   Ich glaube, es herrscht Unsicherheit, aber nicht die massenhaft verbreitete Sorge vor dem Weltuntergang. Von Menschen, die zu esoterischen Weltsichten neigen, höre ich, dass das Jahr 2012 und der Weltuntergang etwas miteinander zu tun haben sollen – man beruft sich wahlweise auf die Maya oder auf Nostradamus –, und die überkommt vielleicht dieses „apokalyptische Gefühl".

Es gibt die These, dass der Maya-Kalender für 2012 das Ende der Welt voraussagt. Eine Endzeit-Geschichte, die inzwischen in der Popkultur und Kunst aufgegriffen wird, zum Beispiel in Roland Emmerichs Katastrophenfilm „2012", einer bombastisch-düsteren Apokalypse-Vision in der Megatsunamis, Erdbeben und Vulkanausbrüche die Erde verwüsten.

KATRIN GÖRING-ECKARDT   Es scheint mir eine eher randständige Gruppe zu sein, die sich vorstellen kann, die Welt würde demnächst untergehen. Im Grunde versuchen wir einfach nur zu verstehen, was jetzt los ist mit der Welt und was daraus werden wird. Wenn man Nachrichten sieht, dann erfährt man von extrem vielen menschen- und naturgemachten schrecklichen Ereignissen, und man kann sie nicht mehr erfassen, sie sind zu komplex. Gleichzeitig muss der Mensch versuchen, das irgendwie zu verarbeiten. Fukushima und der Tsunami, die Eurokrise, die Wirtschafts- und Finanzkrise, die noch nicht überstanden sind. Wir haben ein Flüchtlingsdrama, es gibt Menschen, die fremdenfeindliche Morgenluft wittern, die neue Angst vor Fremden schüren und so tun, als stünden bald Hunderttausende von Nordafrikanern vor unserer Tür. Man könnte noch andere Ereignisse aufführen, aber das sind die ganz großen und das sind schon mehr, als man eigentlich verarbeiten kann. Es existiert eine Mischung aus vielen dramatischen Vorgängen, die alle gleichzeitig zu passieren scheinen, und man rätselt, was hat jetzt womit zu tun: die Eurokrise mit der Wirtschaftskrise, die nordafrikanische Revolution mit den Flüchtlingsströmen. So weit, so einfach. Aber was hat das unbedingte Vertrauen in die gefährliche Atomenergie mit dem Weltwirtschaftssystem zu tun? Wie stark sind solche politischen Entscheidungen wie die Laufzeitverlängerung der Atomkraftwerke von der Lobby großer Energiekonzerne geprägt? Und wie kann es eigentlich sein, dass so viele kluge Manager, Wirtschaftsverständige, Banker und auch noch deren Aufsichtsgremien, aber auch manche Politiker und Wissenschaftler einfach ignoriert haben, dass ihr Handeln früher oder später in dem verheerenden Kollaps der Finanzmärkte enden muss, ohne dass irgendwer das Kartell des „Wird schon gut gehen!" durchbrochen hätte? Wie kann es sein, dass Hunderte von Störfällen in AKWs passieren und lange und immer wieder von höchster Sicherheit geredet wurde? Oder noch einfacher und alltäglicher: Ist es eigentlich normal, dass der Fuhrpark der Deutschen Bahn derart überaltert ist, dass die Streiks der Lokführer schon weniger ins Gewicht fallen, als Ausfälle und Verspätungen, die im Hochtechnologieland einfach mangelnder Technik geschuldet sind? Es herrscht das Gefühl, dass man es nicht begreifen kann. Es ist nicht durchschaubar, es ist zu viel. Man möchte gern wieder eine Orientierung haben, am liebsten die Tür zu machen und sagen: Alles ist in Ordnung.

In der Bibel steht: „Da ließ er ... Schwefel und Feuer regnen ... und kehrte diese Städte um und die ganze Ebene ... und er blickte hinab ... auf die ganze Fläche des Landes in der Ebene und er sah: Siehe, Rauch stieg vom Land auf, wie der Rauch eines Schmelzofens ... Und es geschah nach sieben Tagen, da kam das Wasser der Flut über die Erde. An diesem Tag brachen alle Quellen der Tiefe auf und die Fenster des Himmels öffneten sich."

(Genesis 19,24 ff) Damit ist noch nicht einmal die Apoka-
lypse gemeint, Gott straft hier lediglich die Städte Sodom
und Gomorra für ihre Sünden. „Alle Quellen der Tiefe
brechen auf", „Rauch eines Schmelzofens" – das sind
schockierende Analogien in der Beschreibung biblischer
und heutiger Katastrophen. Da denkt man doch unwei-
gerlich an den Tsunami und den GAU im Atomkraftwerk
in Japan.

ELLEN UEBERSCHÄR   Es besteht ein Unterschied zwischen
der Idee, dass es eine Bestrafung durch Gott gibt und der
Apokalypse. Das sind verschiedene Dinge. Die Geschichte
von Sodom und Gomorra ist ein Denkmodell: Wir sind
gegenüber Gott verantwortlich, Gott ist für uns verantwortlich. Indem gesagt wird, Gott bestraft uns für unsere
Sünden, wird Gott in diese Katastrophe hineingeholt. Er
ist nicht fern, sondern nah bei uns und bewertet unser
Tun. Gott ist der Schöpfer des Himmels und der Erden.
Also müssen die Naturgewalten etwas mit ihm zu tun haben. Aber Gott straft nicht aus Willkür, sondern weil Menschen sich an seinen Geboten vergangen haben. Wenn wir
genau hinschauen, straft Gott in Sodom und Gomorra ein
Zusammenleben, das in den Tod führt. Die Naturkatastro-

phe, die passiert, ist ein Hinweis darauf, dass wir unser Leben ändern müssen. Das ist heute sprichwörtlich, hier herrscht ja „Sodom und Gomorra", wenn die Kinder das Zimmer nicht aufgeräumt haben oder sonst irgendeine Unordnung herrscht, die kein Zustand ist. Der Zustand, wie er ist, kann so nicht bleiben und Menschen haben es in der Hand, ihn zu ändern. Das ist die Botschaft von Sodom und Gomorra. Mit diesem Denkmodell haben sich Menschen bis weit hinein in die Zeit der Aufklärung Naturkatastrophen erklärt – die Naturkatastrophe als Mittel der Volkserziehung und der Glaubenslehre.

Von diesem Denkmodell sind wir heute weit entfernt. Naturkatastrophen haben ihre natürlichen Ursachen, unabhängig von unserem Verhalten. Gleichzeitig wird der Wert des menschlichen Lebens unendlich hoch geschätzt. Menschen, die von Naturkatastrophen getroffen werden, sind keine Sündenböcke, sondern Opfer einer Gewalt, die wir nicht mit Sinn füllen können. Daraus entsteht die sogenannte Theodizee-Frage – die Frage nach der Gerechtigkeit und Rechtfertigung Gottes –, also: Warum musste das geschehen? Warum mussten 2004 Hunderttausende Menschen durch den Tsunami umkommen? Es gibt keine einfachen Erklärungen. Aber unser Gottesbild ist heute geprägt durch Jesus Christus und seiner absoluten Liebe, die gerade dort am stärksten zu spüren ist, wo menschliches Leben in Leid zu versinken scheint.

Etwas ganz anderes ist mit der Apokalypse gemeint. Auch sie ist ein Denkmodell, aber nicht eines, das zurückblickt, wie der Sünde-Strafe-Zusammenhang, sondern eines, das nach vorn blickt. Naturkatastrophen sind wie Wehen. Sie tun schrecklich weh, aber sie müssen sein, um das Neue hervorzubringen. Im Denkmodell der Apokalypse ist das Zusammenstürzen der Welt Vorbote für Neues. Und die, die besonders schwer leiden, werden nachher besonders reich belohnt.

KATRIN GÖRING-ECKARDT Wenn wir an die Katastrophe in Japan denken, müssen wir zwischen der Naturgewalt und der menschengemachten Risikotechnologie Atomenergie unterscheiden. Von der musste man annehmen, dass sie im „Schmelzofen" endet. Ich halte überhaupt nichts davon, so zu tun, als ob das auch ein Teil einer Naturgewalt ist. Bei einer Naturkatastrophe steht man da und muss konstatieren: Es ist furchtbar, es kommen Menschen dabei zu Tode, die wir nicht wieder bekommen, aber doch ist etwas reparierbar, wiederherstellbar, eine

Stadt kann man wieder aufbauen. Die Natur kann an solche Orte wieder zurückkehren. An einen Ort, der radioaktiv verstrahlt ist, kann weder die Natur noch der Mensch zurückkommen. Das ist ein riesiger Unterschied. Da hat der Mensch in seiner Hoffnung, dass alles gut gehen wird, in seinem Willen, die Erde und möglichst auch noch sich selbst zu beherrschen, über sich hinaus gelebt. Das Risiko ist eben mit keinem anderen Risiko zu vergleichen. Es ist ungleich größer, ungleich unbeherrschbarer, ungleich weniger umkehrbar als alles andere. Es geht um die Einsicht, dass eben mitnichten alles beherrschbar ist und dass Leben an einem Ort wie Fukushima oder Tschernobyl nicht mehr möglich ist.

ELLEN UEBERSCHÄR Es ist wichtig, zwischen Naturkatastrophe und menschengemachter Katastrophe zu unterscheiden. Theologisch gesprochen hat Fukushima noch weniger mit der Apokalypse zu tun als der Tsunami. Denn Apokalypse bedeutet, die dunkle Gegenwart wird in einer hellen Zukunft münden, jedenfalls für die Glaubenden. Menschen haben die Möglichkeit, sich zu entscheiden – für das Böse oder für das Gute. Auf dem verseuchten Territorium kann sich niemand mehr für oder

gegen etwas entscheiden, weil die Entscheidungsmöglich-
keiten genommen sind. In der Vorstellung der Apokalyp-
tik kämpft das Gute gegen das Böse. Menschen können
wählen, auf welcher Seite sie sein wollen. Apokalypse ist
nicht der Weltuntergang um seiner selbst willen. Der
spannende Kampf zwischen den beiden Urkräften geht
um die Herrschaft über die Welt, die nach dem Sieg ge-
staltet werden soll – entweder als Reich des Bösen oder
als Reich des Guten. Eine atomar verseuchte Welt eignet
sich weder für das eine noch für das andere. Die Welt,
wie wir sie kennen, wird untergehen. Eine andere Welt
wird auferstehen. Der Übergang von der einen zur anderen Welt geschieht durch Kampf. In der Offenbarung des
Johannes, der ausführlichsten Apokalypse im Neuen Testament, steht der Sieger des Kampfes schon fest: Es ist
Christus, dargestellt als Lamm, das mittels Öffnen von
sieben Siegeln ein Gericht abhält über die Welt, wie sie
ist. Hier findet auch der Zusammenhang von mensch-
licher Schuld und Bestrafung seinen Platz. Aber wohl
gemerkt: Bestraft werden nicht unterschiedslos alle Menschen, sondern die Gerechten bleiben verschont und sitzen am Ende mit zu Gericht über die Ungerechten. Das
Besondere an der Johannes-Apokalypse ist das Denken

in Zeitaltern. Mit vielen Verschlüsselungen werden die Reiche der alten Welt dargestellt und die Hoffnung auf ein Reich Jesu Christi geweckt. Dass dieses Reich kommen wird, steht fest. Und es steht auch fest, dass es 1000 Jahre anhalten wird. Der Kampf ist so gesehen nur das Vorspiel zum großen Trost: „Und Gott wird abwischen alle Tränen von ihren Augen, und der Tod wird nicht mehr sein, noch Leid noch Geschrei noch Schmerz wird mehr sein, denn das Erste ist vergangen", so steht es in Offenbarung 21,4.

Viele einzelne Motive der Apokalypse haben sich verselbständigt und mehr oder weniger glücklich als Erklärungen für erlittenes Leid hergehalten. Besonders die Personifizierungen haben es Künstlern aller Zeiten angetan. Die vier apokalyptischen Reiter, von Albrecht Dürer eindringlich dargestellt – Krieg, Hunger, Krankheit, Tod – sie waren über Jahrhunderte und sind bis heute die großen Geißeln der Menschheit. In der Johannes-Apokalypse werden sie zu Kämpfern in der endzeitlichen Schlacht. Da aber der Sieger schon feststeht, sind sie Werkzeuge Gottes. Sie geben dem Leiden, das sie verkörpern, Sinn. Alles läuft auf den endzeitlichen Sieg des Lammes, auf die Erfüllung der Hoffnung vom Reich Gottes hinaus.

Der Kampf zwischen Gut und Böse ist das wichtigste apokalyptische Motiv. Es ist ein einfaches Schema, und deswegen so wirkungsvoll. Das Motiv des Kampfes zwischen Gut und Böse faszinierte Filmemacher wie Michael Bay. In „Armageddon" sind viele biblische Motive verarbeitet – auch das zentrale christliche Motiv des einen Opfers zugunsten der ganzen Menschheit.

Und zu guter Letzt, nachdem die Schlacht zwischen Gut und Böse geschlagen ist, gibt es ein Happy End: Auch im Katastrophen-Film folgt eine Rettung, ein Neuanfang, ein großer Frieden.

ELLEN UEBERSCHÄR   Am Schluss gibt es eine Art Paradieserzählung, eine Idee von Frieden. Durch das Opfer des Einen überleben die Menschen, die Filmhelden gründen eine Familie. Aber mal ehrlich, das ist doch nicht das Grundgefühl, das Menschen heute in unserem Land haben: Dass sie in einer Endzeit leben und sich nach dem großen Frieden jenseits von Krankheit und Krieg sehnen. Oder dass das Leiden der gegenwärtigen Zeit nur deswegen auszuhalten ist, weil man weiß, dass es irgendwann vorbei ist so wie in der Johannes-Apokalypse.

In den entwickelten Industrieländern ist das nicht gerade das Lebensgefühl. Uns geht es doch im Wesentlichen so gut, wie es noch nie Menschen gegangen ist – allein der Anstieg der Lebenserwartung in den vergangenen hundert Jahren zeigt eine enorme Verbreitung von Gesundheit und damit verbunden auch von Zufriedenheit mit dem Leben hier auf Erden. Wir brauchen das Gedankenkonstrukt der Apokalypse als Leiden, das auf Erlösung hinausläuft, doch gar nicht mehr. Wir können diesen Gedanken kaum noch nachvollziehen. Wahrscheinlich auch kein Mensch in Japan. Dort wird mit Leid sowieso ganz anders umgegangen. Der Buddhismus lehrt die Überwindung des Leids durch das Ausbrechen aus dem Kreislauf der Wiedergeburten. Die Frage nach dem Sinn des Leids stellt sich so gar nicht. Es gehört zum Leben dazu. Es hat keinen Sinn außer den, dass es zu überwinden ist.

KATRIN GÖRING-ECKARDT Wir glauben heute ja nicht mehr an einen strafenden Gott. Der Vater, der „alte Mann", der eine Bestrafung ausspricht, der passt nicht zu unserem Bild von Gott. Was wir jedoch von diesem Bild lernen könnten, ist das Verständnis von Gott als jemand, der Regeln setzt und der uns Regeln in die Hand gibt. Aber nicht, um uns zu bestrafen, wenn wir uns nicht daran halten, sondern um uns Anhaltspunkte zu geben. Nicht unbedingt dafür, wie wir es richtig machen im Leben, sondern um uns zu zeigen, wie es gut ist, wie unser Leben ein gutes werden kann, ein gelingendes. Wir können uns in Freiheit entscheiden, ein solches Leben zu führen. Da ist kein von außen richtender Gott, sondern einer, der sagt: Es gibt bestimmte Regeln, die dir helfen, dieses Leben zu führen. Und natürlich: Achte dabei auf die anderen! Im Grunde wissen wir das sehr gut: Reichtum, Friede, Wohlstand, Zufriedenheit auf Kosten anderer machen eben nicht glücklich. Im Gegenteil, erst im Mitfreuen, im Mitleben, auch im Mitleiden werden wir echte Menschen, Mitmenschen nämlich. Gott allerdings müsste das nicht tun, er könnte auch sagen: Also sucht euch eure Regel selbst, was habe ich damit zu tun? Gott ist uns allerdings so nah, dass er nicht nur zugewandt, mit-fühlend ist. Er ist sogar bereit, seine Meinung zu ändern, er lässt sich quasi überreden. Bei Jona, zum Beispiel, den er losschickt, um der gott-losen Stadt Ninive den Untergang zu prophezeien. Als aber die Menschen in Ninive – wider Erwarten – auf die Strafpredigt von Jona hin umkehren, Buße tun, ihnen ihr Verhalten leid tut, beschließt Gott, die Stadt nicht zu zerstören und die Menschen sowie ihr Vieh zu verschonen. Gott ist beeindruckt von der Einsichtsfähigkeit der Einwohnerinnen und Einwohner Ninives und lässt sich das Herz erweichen: „Als aber Gott ihr Tun sah, wie sie sich bekehrten von ihrem bösen Wege, reute ihn das Übel, das er ihnen angekündigt hatte, und tat's nicht." (Jona 3,10)

ELLEN UEBERSCHÄR   Oder auch Abraham, der mit Gott um Sodom feilscht um einiger Gerechter willen. Es geht schon damit los – die Geschichte steht ganz am Anfang in der Bibel in Genesis 18 –, dass Gott sich verpflichtet fühlt, Abraham zu sagen, was er vorhat, nämlich die Vernichtung von Sodom. Und dann legt Abraham los. Sein erstes Angebot ist, 50 Gerechte in der Stadt aufzutreiben, um derentwillen Gott von seinem Plan ablassen soll. Am Ende handelt Abraham Gott auf zehn Gerechte herunter. Um nicht die zehn unschuldigen und gerechten Menschen zu vernichten, wird die ganze Stadt verschont. Dass nachher Sodom und Gomorra doch noch zerstört werden, steht auf einem anderen Blatt und übrigens in einem anderen Kapitel.

KATRIN GÖRING-ECKARDT Es gibt eine ganze Reihe von Stellen in der Bibel, an denen erzählt wird, dass Gott es sich noch einmal anders überlegt hat oder sogar sein Handeln bereut. Zum Beispiel bei Noah: Nach der Sintflut beschließt Gott, in Zukunft nicht mehr die gesamte Schöpfung auf der Erde zu zerstören und spricht in seinem Herzen: „Ich will hinfort nicht mehr die Erde verfluchen um der Menschen willen; denn das Dichten und Trachten des menschlichen Herzens ist böse von Jugend auf. Und ich will hinfort nicht mehr schlagen alles, was da lebt, wie ich getan habe. Solange die Erde steht, soll nicht aufhören Saat und Ernte, Frost und Hitze, Sommer und Winter, Tag und Nacht." (Genesis 8,21 f)

Das finde ich sehr spannend, weil es zeigt, dass wir kein starres Gottesbild haben müssen. Es ist nicht so, dass du gegen die Regeln verstößt, und wenn es Gott reicht, dann kommt eine Bestrafung, die nach einem festen Katalog geht, eine große Katastrophe, dann die Apokalypse. Sondern er ist der nahe Gott, der mitleidet, der einen Weg mitgeht. Das ist das eigentlich Spannende an unserem Gottesbild: Dass er uns auch in dem größten Schrecklichen am Ende nicht allein lässt. Unser Gott ist nicht der große Weltendirigent. Er hat die Welt gemacht und uns anvertraut. Aber er ist dann nicht nach Hause gegangen und hat uns uns selbst überlassen. Er bleibt bei uns, an unserer Seite, in unserer zweifelnden Seele, in unseren verletzten Herzen. Er bleibt auch, wenn wir versagen, vergessen, verlassen. Er bleibt nicht, weil ER es am Ende schon regeln wird, sondern weil er mit uns hindurch geht, durch Tiefen und Untiefen. „Und ob ich schon wanderte im finsteren Tal, fürchte ich kein Unglück. Denn du bist bei mir…", heißt es etwa in Psalm 23. Er bleibt, damit wir wissen, dass es den Weg zurück gibt, den anderen Abzweig, die Umkehr, den Neuanfang. Immer wieder Karfreitag, aber auch immer wieder Ostern, könnte man vielleicht sagen. Immer wieder in den Abgrund des Lebens, der Seele, der Welt, aber auch immer wieder gegen allen Schein, gegen die Logik doch das ganz Andere sehen, fühlen, begreifen. Das nicht für möglich Gehaltene erleben. Das über den Haufen zu werfen, was wir immer schon so gemacht haben, das neu zu beginnen, was wir längst für zerrüttet, verworfen, verlassen hielten. Gott ist der, der dabei ist, wenn wir es noch einmal versuchen wollen, es anders, besser machen wollen. Und notfalls trägt er uns ein Stück, wenn es unsere Füße allein nicht schaffen. Das wird wunderbar in Psalm

91 ausgedrückt: „Denn er hat seinen Engeln befohlen, dass sie dich behüten auf allen deinen Wegen, dass sie dich auf den Händen tragen und du deinen Fuß nicht an einen Stein stoßest. Über Löwen und Ottern wirst du gehen und junge Löwen und Drachen niedertreten." (Psalm 91,11 – 13) In der bekannten Geschichte „Fußspuren im Sand" wird dieser Psalm gewissermaßen ausgelegt; die Geschichte ist in vielen Versionen verbreitet und der Verfasser ist unbekannt: Ein Mensch läuft nach seinem Tod mit Gott am Strand entlang und blickt auf sein Leben zurück. Seinen ganzen Lebensweg über sind zwei Fußspuren zu sehen: Die Spur des Menschen und neben ihr Gottes Fußspur, der ihn begleitet hat. Aber in den schweren Lebensabschnitten ist nur eine Fußspur zu sehen. Das irritiert den Menschen und er fragt Gott, wo er denn gewesen sei, als er ihn besonders nötig gebraucht hätte, in den schweren Stunden seines Lebens: „Hast du mich gerade da alleine gelassen?" Und Gott antwortet ihm: „Geliebtes Kind, niemals habe ich dich in deinem Leben allein gelassen, schon gar nicht, als es dir schlecht ging und du mich ganz besonders gebraucht hast. Da, wo du nur eine Fußspur im Sand siehst – da habe ich dich getragen."

*Aber so wie Sie es darstellen, würde das bedeuten, dass
Gott nicht mehr in die Weltgeschichte eingreift. Mit Jesus
Christus war es das letzte Mal, und seitdem schaut er sich
das Ganze nur an?*

KATRIN GÖRING-ECKARDT Nein, Gott schaut nicht nur
zu, er greift aber auch nicht ein. Er sitzt ja nicht an irgendwelchen Schalthebeln der Macht und sagt, also
wenn ich jetzt hier draufdrücke, dann passieren A und
B auf der Welt. Natürlich nicht. Aber trotzdem ist Gott
in der Welt. Er hat uns, die wir in seinem Willen oder
gegen seinen Willen handeln können. Er hat uns, die wir
meinen, seinen Willen zu kennen und oft doch ganz
ratlos sind, oft unwissend, oft leichtgläubig, oft überheb-
lich in dem Gedanken, wir wüssten schon, wie es Gott
meinte. Aber Gott hat keine Fernbedienung in der Hand.
Das kann ich mir jedenfalls nicht vorstellen. „Zur Freiheit
hat uns Christus befreit!", heißt es im Brief des Paulus an
die Galater im 5. Kapitel, und weiter: „So steht nun fest
und lasst euch nicht wieder das Joch der Knechtschaft
auflegen! (…) Ihr habt Christus verloren, die ihr durch
das Gesetz gerecht werden wollt, und seid aus der Gnade
gefallen. Denn wir warten im Geist durch den Glauben

auf die Gerechtigkeit, auf die man hoffen muss. (…) Ihr aber, liebe Brüder, seid zur Freiheit berufen. Allein seht zu, dass ihr durch die Freiheit nicht dem Fleisch Raum gebt; sondern durch die Liebe diene einer dem anderen." Das ist also das eigentliche Gesetz, das Gott uns gibt: die Liebe. Nicht er steuert uns, sondern wir können, als von Gott geliebte Menschen, wir selbst sein, über uns hinaus wachsen, der Liebe das erste und das letzte Wort geben: Nicht dem Gesetz, nicht den Regeln, nicht der Hoffnung, dass es jemand, auch nicht Gott, schon für uns regeln würde. Dazu sind wir als freie Menschen geboren: Niemandem untertan und jedem untertan, so hat Martin Luther 1520 in „Von der Freiheit eines Christenmenschen" die „Evangelische Freiheit" beschrieben: „Ein Christenmensch ist ein freier Herr über alle Dinge und niemand untertan. Ein Christenmensch ist ein dienstbarer Knecht aller Dinge und jedermann untertan."

In der Gemeinschaft mit Gott also sind wir in der Gemeinschaft der Menschen, in der Freiheit können wir es gut machen, aber eben auch fehlen und versagen. Dennoch fallen wir nicht aus der Liebe Gottes. Nicht die Verletzung der Regeln wäre also das Schlimmste, sondern die Aufgabe der Freiheit und das Herausfallen aus der Liebe. Gottes

Liebe zu uns bleibt. Wie ist es mit unserem Glauben an seine Liebe?

Nun lässt es sich nicht leugnen, dass schreckliche Dinge in der Welt geschehen. Im Moment möglicherweise in noch größerem Ausmaß und in schnellerer Folge als zu anderen Zeiten. Der Mensch stellt sich doch gerade in der Katastrophe die Frage nach dem Warum. Warum passiert es? Warum leiden Menschen? Warum trifft es mich?

ELLEN UEBERSCHÄR   Das war schon immer Kern der Religion. Wenn wir uns in der Bibel umschauen, dann geht es genau darum. Die Frage nach dem Warum kommt dann, wenn Menschen in verzweifelte Situationen geraten. Wenn es nicht mehr weitergeht. In der Bibel werden Geschichten erzählt. Sie sind verdichteter, geronnener Text, gewordene Erfahrung. Es gibt Menschen, die erleben Tod, Leid, und meinen dann: Ja, das war göttliche Fügung. Den Feinden, seien es Menschen oder Krankheiten, wird das Schlimmste an den Hals gewünscht. Oder: Böse Gemeintes wird in Gutes verwandelt. Wie Joseph am Ende der großartigen Josephsnovelle zu seinen Brüdern sagt: „Ihr gedachtet es böse mit mir zu machen, Gott aber gedachte, es gut zu machen." Wichtig daran ist: Gott begleitet uns. Er ist nicht der ferne Typ an den Steuerhebeln, sondern der, der sich mit hineinstürzt, der das Leid an sich heranlässt. Das wird in der Bibel erzählt, mehrfach, vielfach, immer wieder. Immer wieder ist der Trost, dass Gott als eine Kraft da ist, die aus dem Tod in das Leben führt. Gott errettet Menschen, er bleibt in seiner Liebe bei ihnen, und er bleibt es auch im Tod.

Wir sind ja nicht die Ersten, die Naturkatastrophen erleben. Sondern wir sind die, die ihre eigenen Geschichten in die biblischen Geschichten einschreiben. Auch wir machen Erfahrungen mit Leiden, Krankheit, Tod, mit der Verzweiflung, der Klage und der Trauer, wir machen Erfahrung mit der göttlichen Begleitung, finden Worte im Evangelium und Wege zurück ins Leben. Ich glaube, wenn alle Theologen sich irgendwann einig gewesen wären und gesagt hätten: So, und jetzt gibt es eine eindeutige Antwort auf die Frage nach dem Warum, dann wäre das Christentum untergegangen. Wenn es nicht diese Spannung zwischen dem Warum und dem Trost, der Hoffnung auf die Einlösung der Verheißungen geben würde, wären zumindest die abrahamitischen Religionen schon wieder verschwunden. Diese Erzählungen von Menschen und ihren Erfahrungen mit ihrem Gott in der Katastrophe sind der Schatz, den das Christentum in der Bibel hat und für alle Menschen aufbewahrt.

In der Bibel, bei Jesaja, heißt es von Gott, er erschaffe das Licht und das Dunkel, bewirke das Heil und das Unheil. „Ich bin der Herr, der das alles vollbringt." (Jesaja 45,7) Und bei Matthäus steht: „Kein Sperling fällt vom Himmel, ohne dass Gott es will." (Matthäus 10,29) Und dann passierte Auschwitz. Warum hat Gott hier nicht eingegriffen? Warum hat der all die Menschen, die gequält und ermordet wurden, nicht beschützt? Gibt es kein Anrecht auf Wunder?

ELLEN UEBERSCHÄR Das ist eine Frage, ohne die wir heute gar keine Theologie mehr treiben können. Wir müssen einfach sagen: Wir wissen es nicht. Wir wissen nicht, warum es so gekommen ist. Wie er oder sie das zulassen konnte. Aber wir wissen, dass Menschen trotzdem weiterhin auf Gott vertraut haben – Juden und Christen. Eli Wiesel, dessen Lebensthema genau diese Frage war, weil er als einziger aus seiner Familie den Holocaust und diesen Ort des Todes überlebte, hat dazu eine Geschichte erzählt: Er und andere Gefangene wurden gezwungen, das qualvolle, stundenlange Sterben eines Jungen am Galgen mit anzusehen. Einer hinter ihm fragte: „Wo ist Gott, wo ist er?" Und er, Wiesel, hörte eine Stimme in sich antworten: „Dort – dort hängt er, am Galgen…"

Diese Geschichte entschuldigt nicht Gott, sondern wirft die Frage auf uns Menschen zurück. Es waren Menschen, frei geschaffene Geschöpfe Gottes. Sie sind für ihr Tun verantwortlich. Sie sind frei und verantwortlich. Gott für Auschwitz verantwortlich zu machen, ist genauso wie ihn für Fukushima verantwortlich zu machen. Nein, Menschen sind keine Marionetten eines Gottes, der zulässt, eingreift, macht und tut. Dieser Gott des „Eingreifens" ist eine unserer menschlichen Machtprojektionen. Sie wird oft dann herausgeholt, wenn wir uns aus unserer Verantwortung stehlen wollen. Mit Auschwitz kann man nicht fertig werden. Auf dem Kirchentag 1965 in Köln hat Dorothee Sölle, die große Theologin, die nie einen Lehrstuhl in Deutschland bekommen hat, einen beeindruckenden Vortrag über die Zukunft der Kirche gehalten und genau diesen Gedanken ausgesprochen: „Und wie man nach Auschwitz einen Gott loben soll, der alles so herrlich regieret, weiß ich auch nicht." Das Bild vom Gott, der eingreift und lenkt und straft, ist in Auschwitz untergegangen. Aber Gott ist nicht ein Bild, sondern unverfügbar, Gott ist anders, als wir uns das in unseren Hirnen so zusammendenken.

Eine der verheerendsten Naturkatastrophen in der europäischen Geschichte war 1755 das große Erdbeben in Lissabon, bei dem die Stadt fast vollständig zerstört wurde. Zehntausende Menschen starben. Das Erdbeben von Lissabon führte seinerzeit dazu, dass die Theodizeefrage unter den Philosophen der Aufklärung heftig diskutiert wurde. Wie kann ein gütiger Gott dieses Leid zulassen? Goethe schrieb später in „Dichtung und Wahrheit": „Gott, der Schöpfer und Erhalter des Himmels und der Erden, den ihm die Erklärung des ersten Glaubensartikels so weise und gnädig vorstellte, hatte sich, indem er die Gerechten mit den Ungerechten gleichem Verderben preisgab, keineswegs väterlich bewiesen."

KATRIN GÖRING-ECKARDT Es gibt eine ganze Reihe von Ereignissen, die die Menschen verunsichern. Die hat es immer gegeben und die wird es immer wieder geben. Aber für mich ist es gar nicht die Frage, ob es eine Strafe ist oder ob es ein Eingreifen geben kann. Die Frage ist eigentlich nur: Ist Gott uns in dieser Situation nah? Oder ist der Zweifel zu stark, ist die Erschütterung zu groß, überwiegt das Unsichtbare an Gott, so dass wir es nicht aushalten können? Gottes Verhältnis zu uns wird sich durch eine Katastrophe nicht verändern, aber unser Verhältnis zu Gott kann sich verändern. Wir begreifen oft nicht, dass der Mond noch da ist, auch wenn es Tag ist.

Ist die Fragestellung, ob ein zugleich allmächtiger und gütiger Gott so ein Erdbeben wie das damals in Lissabon zulassen kann, heute nicht mehr, sagen wir, berechtigt?

KATRIN GÖRING-ECKARDT   Die Theodizeefrage stellt sich immer. Die Menschen stellen sie sich immer. Weil sie sich im Moment der Katastrophe hoffend fragen, ob da nicht doch einer ist, der steuert und der das Ruder rumreißen kann, und die dann zweifeln, wenn er es nicht getan hat. Diese Frage, warum trifft es gerade mich und nicht meinen bösen Nachbarn, oder warum das Kind und nicht den Alten, warum muss das überhaupt geschehen, die bleibt. Und trotzdem ist es nicht meine Frage. Meine ist: Bleibt Gott bei uns, auch in dieser Situation, können wir seine Gegenwart spüren? Ist er bei dem, der dieses Leid erfährt? Und kann derjenige sehen und auch ertragen, dass Gott nah ist? Nicht die Frage: Macht Gott das Leid, ist die entscheidende, sondern: Kann uns Gott Trost und Halt geben, einen Ausweg zeigen?

ELLEN UEBERSCHÄR   Fragen sind immer berechtigt. Aber eine Rückfrage ist auch berechtigt: die nach dem Gottesbild. Was ist das für eine Vorstellung von einem Gott, der sich Menschen und Natur als Marionetten hält und sie wahlweise gegeneinander einsetzt? Schon Goethe ist angesichts des Lissabonner Erdbebens von seinem Kinderglauben abgefallen. Es geht bei der Interpretation dieses Erdbebens darum, ob wir uns selbst in eine Aporie von Allmacht und Güte bringen. Oder aber haben wir eine andere Vorstellung von Gott? Haben wir die Vorstellung von Gott als einer Mechanik, die Knöpfe drückt und steuert? Oder haben wir ein dynamisches und – ehrlich gesagt auch ein biblischeres – Gottesbild? Man muss ja sehen, dass die Theologie noch im ausgehenden 18. Jahrhundert von metaphysischen Annahmen geprägt war. Die Idee, wir könnten von dem, was wir Menschen erleben, so lange zurückschließen, bis wir bei Gott ankommen, die ist uns fremd geworden. Wir sprechen den Satz von der Allmacht auch heute noch, aber wir wissen: Es ist nicht so gemeint, als wäre Gott der Mechaniker und wir das Auto. Wir sagen es als einen Glaubenssatz, der unserer Hoffnung Sprache verleiht. Der Tod und das Leid haben nicht das letzte Wort. Auch im Leiden und im Tod sind wir in Gottes All-Macht geborgen. Und das ist das Gute, also ein Zeichen der Güte. Damit erklärt sich das Erdbeben immer noch nicht, und das furchtbare Leid bleibt auch, aber die selbstgestellte Falle, mit der Güte und Allmacht in einen Gegensatz gebracht werden, schnappt nicht mehr zu.

Ich persönlich wäre dankbar, wenn sich die Reste dieses mittelalterlichen theologischen Denkens, das leider in vielen Köpfen herumspukt, einmal „verflüssigen" und sich ein biblischeres Gottesbild breitmachen würde. Theologisches Denken ist nicht in Stein gemeißelt, es bewegt sich und hat sich zu allen Zeiten bewegt. Nach dem Dreißigjährigen Krieg zum Beispiel herrschte in Europa eine ganz dunkle, fast würde ich sagen, apokalyptische Stimmung und viele haben gedacht, es werde nie wieder eine Situation geben, in der Menschen sinnvollerweise Hoffnung haben könnten. Auf einmal aber kam der Pietismus auf und hat eine ganz neue Dynamik in das Denken über Gott gebracht – Gott spricht jeden Einzelnen viel persönlicher, viel näher, viel direkter an. Mit einem Mal wurden die Frauen zu anerkannten Expertinnen des Religiösen. Gott ist nicht ein drohender, allmächtiger Aufseher, sondern er kann ganz nahe kommen. Jede und jeder kann es in seiner Bekehrung erleben. 1675 veröffentlichte Philipp Jakob Spener seine „Pia Desideria", seine „frommen Wünsche", die eine gute Portion vom Glauben an das Tausendjährige Reich mitbrachten. Seine revolutionäre Idee bestand darin, die Glaubenspraxis, das alltägliche Leben mit Gott, in Verbindung mit den ganz großen Hoffnungen auf Erlösung zu bringen. Erst wenn wir hier wirklich nach dem Evangelium leben, kann das Reich Christi überhaupt anbrechen. Vorher wird daraus nichts. Das war eine ganz neue Wendung apokalyptischen Denkens. Nicht das geduldige Erleiden, sondern das tatkräftige Glauben. Zu guten Teilen leben wir in unseren Kirchen noch immer von diesem Erbe des frühen Pietismus.

KATRIN GÖRING-ECKARDT Eine der zunächst einmal unfassbaren Geschichten ist doch die Hiob-Geschichte. Hiob wird alles genommen und trotzdem sagt er, er kann bei

Gott bleiben. Gott wettet mit einem der Gottessöhne, Satan, dass Hiob niemals von ihm, Gott, abfallen wird, egal, was Satan mit Hiob anstellt. Satan darf alles tun, nur Hiob nicht das Leben nehmen. Und Satan stellt alles mit Hiob an, nimmt ihm sein Hab und Gut, seine Frau, seine Kinder, seine Gesundheit. Hiob hadert wegen seines unfassbaren Unglücks mit Gott, klagt ihn an, aber er gibt ihn nicht auf. Wenn man so will, bleibt er Gott treu, auch wenn er keine Erklärung dafür bekommt, warum er all dieses Leid ertragen muss. Die Geschichte von Hiob erzählt damit auch davon, wie jeder Glaube auf etwas Unerklärlichem fußt. Und dass die Kraft des Glaubens letztlich genau darin besteht, die Kluft zwischen unserem Wunsch nach einer Erklärung und der fehlenden Antwort überspringen zu können. Das Hadern und der Zweifel gehören zu dieser Glaubensenergie dazu. Wer glaubt, der zweifelt und verzweifelt auch. Aber er gibt Gott nicht auf.

Gott hat sich so lange versteckt und war so lange weg, wie Hiob nicht auf der Suche nach ihm war. Das ist, glaube ich, der entscheidende Punkt. Mein Verhältnis zu Gott, das bestimme erst einmal ich, in aller Unvollkommenheit, in allem Unvermögen, in allem Unwissen. Sein Verhältnis zu mir, das ist unerschütterlich.

Es ist immer gleich, gleich spürbar? Und wenn sich dieses Verhältnis verschlechtert, liegt es also immer an einem selbst?

KATRIN GÖRING-ECKARDT   Nein, es ist nicht immer gleich spürbar. Das ist ja das Problem. Es verändert sich vielleicht, weil ich gerade besonders viel Unterstützung brauche. Ganz einfach gesagt: Manchmal bin ich einfach zu beschäftigt, zu geschäftig, zu aufgeregt oder zu gelangweilt, um Gott in mein Leben zu lassen. Manchmal höre ich auf zu suchen, weil es schon irgendwie ohne ihn gehen wird. Manchmal suche ich nicht, weil die Suche zu anstrengend ist, weil sie mir vielleicht einen anderen Weg oder eine andere Richtung aufnötigt. Und manchmal suche ich intensiv, verzweifelt und sehe und höre ihn doch nicht. Ich frage nach, ich lese, ich bete und – wie es scheint – ins Leere. Da bleibt noch die Losung zu lesen, ein Bibelvers aus dem Alten Testament, den die Herrnhuter Brüdergemeine Jahre zuvor für genau diesen Tag aus einer großen Schale gezogen hat. Seit 280 Jahren hat seither jeder Tag eine „Losung", eine eigene biblische Überschrift und dazu einen beigefügten Lehrtext aus dem Neuen Testament, der die Menschen überall auf der Welt begleitet. Da bleibt noch das Abendgebet in dem ich bitte: „…und vollende dein Werk an uns in Ewigkeit". Und es bleibt die bange Frage: Gott, bist du da? Gott, wo bist du? Ja, es gehört auch zu mir, dass ich zweifle. An diesem Gott, weil ich ihn nicht sehe, weil ich ihn nicht verstehe.

ELLEN UEBERSCHÄR   Vorhin hast du gesagt, auch Gott überlegt sich die Dinge. Wenn du so ein Gottesbild hast, dann müsstest du eigentlich annehmen, dass Gott von dir enttäuscht sein kann. Dann kann er denken: Oh nein, was hat sie getan! Die suchende Bewegung ist im Grunde genommen genau die auf dich zu. Die gibt es in beide Richtung, würde ich sagen.

KATRIN GÖRING-ECKARDT   Ja, aber Gott verbirgt sich nicht vor mir, weil ich mich fehlverhalte.

ELLEN UEBERSCHÄR   Vielleicht auch das.

KATRIN GÖRING-ECKARDT   Das ist schon eher eine menschliche Eigenschaft, dieses Zweifeln und das nicht Ertragen können. Der Weg von Gott zu mir, der ist nie unterbrochen. Jedenfalls ist das meine Hoffnung, vielleicht auch meine

Glaubensgewissheit. Er kann sich ändern, der Weg kann anders werden, kann um ein paar Kurven gehen, aber wirklich unterbrochen ist er nicht. Das glaube ich, aber Glaube ist ja eben Glaube und nicht Wissen. Andersherum bin ich mir nicht für jeden Tag in meinem Leben sicher.

ELLEN UEBERSCHÄR Das ist ja eigentlich auch das Faszinierende an der Apokalypse: Dass wir Menschen einfach eine unerschütterliche, unauslöschliche, unausrottbare Hoffnung haben. Alles wird gut! Es gibt eine schöne Psalmübertragung von Hanns Dieter Hüsch, Dezemberpsalm heißt sie, wo es am Ende heißt: Mein Auge färbt sich voll / Mit Glück / Jesus kommt. Alles wird gut. So ist es auch in der Johannes-Apokalypse. Der Sieger steht schon fest, es ist Christus. Christus ist der Grund der Hoffnung. Ohne die würden wir zu Grunde gehen, deshalb sagt der Volksmund ja auch, dass sie zuletzt stirbt. Allerdings – die Liebe bleibt. Die Frage ist, wie viel Platz gestehen wir dieser Hoffnung zu, wie viel Kraft schöpfen wir daraus, oder wie viel Endzeit oder Depression lassen wir andererseits zu. Das variiert von Tag zu Tag. Ich habe auch Momente, in denen ich verzweifelter bin. Wenn so etwas wie in Fukushima passiert, dann überwiegt natürlich die Depression.

Vielleicht müssen wir aber auch anders denken. Wir glauben immer, es gibt eine Vollkasko-Normalität. Wir halten die Welt, in der alles funktioniert und in der wir alle sicher leben, für das Normale. Aber möglicherweise ist das anders. Vielleicht ist das Chaos normal, eigentlich ist das sogar wahrscheinlicher. So lautet der zweite Satz in der Bibel – „Und die Erde war wüst und leer und es war finster auf der Tiefe". Das Chaos, das ist normal, die Krankheit, der Tod, der Untergang. Wo wir leben, das sind die Inseln des Gelingens. Wenn es gelingt, dann ist das eine Gabe, ein Geschenk. Wenn wir es so sehen, dann denken wir natürlich ganz anders über Katastrophen und über das angebliche Eingreifen Gottes.

Aber, wenn Gott „das Ruder nicht herumreißt", wenn es gar nicht vorgesehen ist, dass er aktiv handelnd in die Weltgeschichte eingreift, worin besteht dann seine Allmacht?

ELLEN UEBERSCHÄR   Also, das mit dem Ruder ist so eine Automechaniker-Vorstellung. Wie soll das gehen? Wir sitzen am Ruder, plötzlich kommt Gott und reißt es uns aus der Hand, weil wir zu dumm sind, Kurs zu halten? Es ist schon so, wir haben für Gott nur Wörter aus unserer Sprache und da assoziieren wir Macht mit „Eingreifen", mit „schneller Eingreiftruppe", mit starker Führung. Aber der Gott, mit dem Abraham um der zehn Gerechten willen feilscht, der Gott, der Jona unter der Palme geduldig über seine Barmherzigkeit aufklärt, ist ein anderer Gott! Es ist der biblische Gott, ein Gott, der da ist, der mitgeht, nicht von der Seite weicht. In der Elia-Geschichte ist Gott nicht im Feuer, nicht im Sturm, sondern im Säuseln des Windes, in der Johannes-Apokalypse ist er ein Lamm, ein wehrloses Lamm. Und zu Paulus hat Christus gesagt: Meine Kraft ist in den Schwachen mächtig. Das ist die Allmacht unseres Gottes!

KATRIN GÖRING-ECKARDT Meine Großmutter hatte in Anlehnung an den Römerbrief des Paulus darauf eine ganz einfache Antwort: Die Wege des Herrn sind unergründlich und dennoch weise. Was hieße also, den Hebel umlegen? Sollte Gott denn tun, wozu wir zwar in der Lage, aber nicht willens sind? Soll er die Sintflut über uns kommen lassen? Alles zerstören, nur den einen Noah überleben lassen? Erinnern wir uns, wie die Geschichte ausgeht. Gott lässt den Bogen am Himmel erscheinen als

Zeichen für den Bund mit den Menschen, der unverbrüchlich ist: „Siehe, ich richte mit euch einen Bund auf und mit euren Nachkommen und mit allem lebendigen Getier bei euch, an Vögeln, an Vieh und an allen Tieren des Feldes bei euch, von allem, was aus der Arche gegangen ist, was für Tiere es sind auf Erden. Und ich richte meinen Bund so mit euch auf, dass hinfort nicht mehr alles Fleisch verderbt werden soll durch die Wasser der Sintflut und hinfort keine Sintflut mehr kommen soll, die die Erde verderbe. Und Gott sprach: Das ist das Zeichen des Bundes, den ich geschlossen habe zwischen mir und euch und allem lebendigen Getier bei euch auf ewig: Meinen Bogen habe ich in die Wolken gesetzt; der soll das Zeichen sein des Bundes zwischen mir und der Erde. Und wenn es kommt, dass ich Wetterwolken über die Erde führe, so soll man meinen Bogen sehen in den Wolken. Alsdann will ich gedenken an meinen Bund zwischen mir und euch und allem lebendigen Getier unter allem Fleisch, dass hinfort keine Sintflut mehr komme, die alles Fleisch verderbe. Darum soll mein Bogen in den Wolken sein, dass ich ihn ansehe und gedenke an den ewigen Bund zwischen Gott und allem lebendigen Getier unter allem Fleisch, das auf Erden ist." (Genesis 9,9 – 16)

Was also heißt Allmacht Gottes? Soll er mit aller Macht das tun, wovon wir – wer genau wären dann wir? – meinen, dass es getan werden muss? Ein Machtwort Gottes und dann geschieht – ja, was? Die Allmacht Gottes jedenfalls zeigt sich nicht im Spiegel der menschlichen Brille. Das wäre natürlich wunderbar und auch außerordentlich nützlich. Jetzt könnte Gott doch in seiner Allmacht endlich allen Menschen, sogar den Anführern der großen Energiekonzerne klar machen, dass es mit der Atomkraft ein Ende haben muss und dass sie weder eine sinnvolle Brücke ist, noch sich – unter Sicherheitsgesichtspunkten gesehen – eignet, um Geld damit zu verdienen. Also könnten die Eons, RWEs, Vattenfalls sofort umsteuern und den erneuerbaren Energien den Vorrang geben, sie könnten sich verantwortlich zeigen für die Folgeschäden, die Endlagerung, die Sicherheitsmaßnahmen gegen Flugzeuge und so fort. Warum tut Gott das nicht? Warum hat er es nicht längst getan? Es brauchte ein Erdbeben und einen Tsunami, damit wenigstens der atomgläubige Teil der Politik anfängt, umzudenken? Und schließlich: Kaum jemand, auch nicht die Gegner der Atomkraft, auch nicht die, die alle Risiken kannten, die sich mit Wahrscheinlichkeiten von

Unfällen beschäftigten, auch sie konnten sich nicht vorstellen, dass so viel auf einmal geschehen würde, wie in Tschernobyl oder in Fukushima. Waren das nun vielleicht schon Ausrufezeichen Gottes?

Es mag Menschen geben, die so glauben. Ich glaube nicht an einen Gott, der denkt wie ein Mensch oder besser, der den Menschen das Denken und gar das Handeln abnimmt. Beim Propheten Jesaja ist das so ausgedrückt: „Denn meine Gedanken sind nicht eure Gedanken, und eure Wege sind nicht meine Wege, spricht der HERR, sondern so viel der Himmel höher ist als die Erde, so sind auch meine Wege höher als eure Wege und meine Gedanken als eure Gedanken." (Jesaja 55,8 f.) Ja, allmächtig ist Gott, der Schöpfer des Himmels und der Erde, aber seine Allmacht hat nicht unsere Maßstäbe, hat nicht unseren kleinen Geist, unser begrenztes Wissen. Vor allem, da spüren wir sie tatsächlich, ist Gott allmächtig im Trost. Dann wenn es nicht mehr weiterzugehen scheint, wenn der Tunnel am Ende kein Licht hat, der Abgrund unendlich, die Einsamkeit unermesslich sind, dann kann Gott noch immer trösten, noch immer durch den Vorhang der seelischen Dunkelheit, noch immer zugewandt das kalte kranke Herz wieder wärmen, gesund machen. „Sprich nur ein

Wort, so wird meine Seele gesund", so beten wir es bei der Tischgemeinschaft mit Gott, dem Abendmahl. Ein einziges Wort, das zu mir dringt, das anders ist als alle anderen Worte, und meine Seele kann aus der Tiefe schreien, ans Licht.

Ist das zu einfach, zu harmonisch, zu schön? Eltern, die ihr Kind verlieren; kann ihre Seele je wieder gesund werden? Ist da nicht immer die Wunde, die Verletzung, die Leerstelle des Lebens? Ja, gewiss und Gott macht sie auch nicht „weg", das hieße ja, die Erinnerung, die Gemeinsamkeit, das Schöne würden ausgelöscht, die Brüche, die Wut, das Verletzte gäbe es nicht mehr. Aber Gott kann trösten im Leid, die Eltern können ihr anderes Kind liebevoll ansehen, sich irgendwann am Blühen im Frühjahr freuen, über eine großartige Musik und mit Freunden wieder lachen. Nicht weil sie ihr totes Kind vergessen hätten, sondern weil es einen festen, unverrückbaren Platz in ihrer Seele hat und sie dennoch im Leben sein können. Und natürlich wird niemand sagen können, wie lange der Trost braucht und natürlich wird nicht jeder Tag ein getrösteter sein, aber Gott wird da sein, auch an den anderen Tagen, mit aller Macht seiner Liebe.

Nicht an jedem Tag wird man getröstet sein: Nach einem Schicksalsschlag überwiegen zu Beginn die Tage der Verzweiflung, man hadert vielleicht mit Gott, weil er einen nicht vor diesem Leid bewahrt hat. Darf man Gott seine Klagen und den Zweifel an seiner Güte und Allmacht zumuten?

ELLEN UEBERSCHÄR   Man muss sogar. Wenn wir uns rabbinische Geschichten anschauen, da gibt es immer einen Dialog mit Gott, sehr kämpferisch und ohne Vorsicht. Gott wird alles vor die Füße geworfen, was an Mist im eigenen Leben oder in der Welt überhaupt passiert. Und dann wird gerungen mit ihm. Das muss man, das darf man. Alle Zweifel, alles muss raus. In dem Moment, in dem Gott mit dem eigenen Leben nichts mehr zu tun hat, ist er doch gar kein Gott mehr. Gott ist niemand, der nur irgendwelche Verheißungen gemacht hat, auf deren Einlösung wir jetzt warten, während er weit weg ist.

KATRIN GÖRING-ECKARDT   Der statische Gott würde auch nicht zu meinen Leben passen, weil das ja alles andere als statisch ist. Auch meine Gottesvorstellung verändert sich im Laufe des Lebens. Kontakt aufzunehmen zu

Gott, beten, bitten, klagen – das alles gehört dazu. Und natürlich auch der Versuch, ihn zu „überreden". Wozu? Vielleicht dazu, es doch nicht so schlimm kommen zu lassen? Dazu, noch einmal ein Auge zuzudrücken? Manchmal stelle ich mir das vor, wie nach einer schlaflosen Nacht. In der sind die Probleme riesengroß, eigentlich unlösbar. Die Angst hört nicht auf, sie schnürt einem die Kehle zu, nimmt die Luft. Am Morgen dann, wenn das Licht kommt, scheinen die Probleme schon kleiner, überschaubarer, nicht alle sind unlösbar. Und dann, wenn ich jemandem davon erzählen kann, sind die unlösbaren Probleme schon eher Aufgaben, große zwar, aber ich bin ja stark und nicht allein, es wird also zu machen sein, schwer, nicht mit Erfolgsgarantie, aber erst einmal anfangen kann ich. Die Bitte an Gott, an den Vater, Jesu Bitte, den „Kelch an ihm vorüber gehen" zu lassen, schwingt da mit. Gott, der Vater, soll das Unerträgliche, das Endgültige abwenden. Das tut er nicht, Jesus wird ans Kreuz genagelt und stirbt. Aber: Gott sorgt dafür, dass dies eben nicht das Endgültige ist, deswegen feiern wir noch heute Auferstehung.

Protestanten neigen gelegentlich dazu, Gott die zornigen, unerbittlichen und zerstörerischen Seiten abzusprechen. Da ist er vor allem lieb und gut. Und dann macht man schmerzhafte Erfahrungen im Leben, die zu diesem Gottesbild nicht passen wollen. Engt man Gott ein, wenn man sagt, er ist nur gut?

KATRIN GÖRING-ECKARDT   Er ist natürlich ein liebender Gott. Aber das heißt nicht, dass er immer mit einem Kuschelkissen herumläuft. Die Nähe kann sich ja auch auf ganz unterschiedliche Weise zeigen und häufig in einer, die ich gar nicht merke oder die ich für etwas völlig anderes als für Gottes Nähe halte. Er ist jedenfalls nicht lieblich und nur gut im Sinne von ohne Widerspruch und ohne Widerstand. Das ist nicht Gott.

Gott ist kein Kuschelgott?

KATRIN GÖRING-ECKARDT   Kuscheln ist ja zunächst einmal im Wesentlichen zärtliche Berührung. Insofern, ein berührender, ein zartfühlender Gott, das ja. Wer berührt wird, wer sich berühren lässt, ist ja auf ganz andere Art wahrgenommen. Nicht nur Worte und Gesten zählen. Wer mich berühren darf, spürt mein Herz schlagen, weiß, ob ich zittere oder ruhig bin, ob sich meine Wangen heiß und die Hände kalt anfühlen. Wer die Seele berührt, sieht noch mehr, kennt das Innerste in allem, was da ist. Insofern: ein berührender Gott, ein Kuschelgott: ja!

KAPITEL II

50 Der GAU von Fukushima und die alte Ordnung

Noch einmal zurück zum Erdbeben von Lissabon: 50 Jahre danach schrieb Heinrich von Kleist – angelehnt an diese Katastrophe – die Novelle „Das Erbeben von Chili". Es gibt die These, dass sich darin das Muster für den Umgang des Menschen mit Katastrophen findet. Die Geschichte hat drei Teile: Im ersten liebt der Hauslehrer Jeronimo heimlich seine Schülerin Josephe und zeugt mit ihr ein Kind, noch dazu im Klostergarten. Das tut man nicht, dafür werden beide zum Tode verurteilt. Kurz vor der Hinrichtung geschieht das Erdbeben, die Stadt und die „alte Ordnung" werden zerstört und das rettet ihnen das Leben. Zweiter Teil: Nach der Katastrophe schweißt das Leid die Überlebenden zusammen, sie werden quasi auf einen Naturzustand zurückgeworfen und leben für einen Moment nahezu paradiesisch. Dritter Teil: Nach einer kurzen Zeit der Besinnung wird die „alte Ordnung" wieder hergestellt. Die Menschen sind erbarmungsloser und fanatischer als zuvor.

Jeronimo und Josephe werden am Ende erschlagen. Auf der Suche nach Schuldigen für die Katastrophe wird der Mensch nicht bescheidener, mitfühlender oder gar selbstkritischer, sondern selbstgerechter, rechthaberischer. Es sei eine Illusion, dass der Mensch aus Katastrophen lernen würde. Ist das so?

ELLEN UEBERSCHÄR Na ja, der Selbstmörder Kleist ist ein extremer Mensch gewesen, dessen sehr überspitzte Wahrnehmungen ihn am Ende selbst fertiggemacht haben, aber das sei zunächst mal hintangestellt. Das ist ja nicht die Lernkurve, die wir im Moment machen. Ginge es nach Kleist, dann würden jetzt Schuldige ausgemacht, die kämen hinter Gitter oder in ein Gefangenenlager auf einer Insel und das System wäre stabilisiert. Wir würden weitermachen wie bisher. Genau das aber ist nicht eingetreten. Im Gegenteil – eine nicht erwartete Wende im energiepolitischen Nachdenken ist eingetreten, in Deutschland sehr heftig, in anderen Ländern eher zaghaft. Wenn man sich zum Beispiel den Wiederaufbau Deutschlands nach dem Zweiten Weltkrieg anschaut, dann stimmt die These von der „alten Ordnung": So viel wie möglich wurde wieder rekonstruiert. Die Geschlechterverhältnisse wurden wieder hergestellt, die sozialen Verhältnisse auch, am liebsten wollte man die Zeit zwischen 1933 und 1945 einfach überspringen. Ein paar Schuldige bestrafen und fertig. Das schließt nicht aus, dass aus politischen Fehlern gelernt wurde, aber im Wesentlichen ist die Wiederherstellung der „alten Ordnung" nach Katastrophen eine verständliche Reaktion, es ist einfach die Sehnsucht nach Ruhe und Frieden. Aber genau das stellt ja die Kleist-Geschichte mit ihrem abrupten, chaotischen Ende völlig in Frage. Nach dem Blutbad konnte niemand mehr zur Tagesordnung übergehen, auch wenn Kleist die Geschichte dann nicht mehr weitererzählt. Das überlässt er uns, den Leserinnen.

Viele Pessimisten sind Kleist tendenziell gefolgt und haben die Hoffnungslosigkeit genüsslich beschrieben, insbesondere dann im 20. Jahrhundert. Der Pessimismus ist eine Möglichkeit, die Welt zu sehen. Wir als Christen sollten sie anders sehen.

KATRIN GÖRING-ECKARDT Ich glaube, wir wissen es noch nicht. Wir wissen noch nicht, ob es nach der Katastrophe von Fukushima ein Umdenken gibt, ob die „alte Ordnung" aufgehoben ist. Ein Umdenken, das Hoffnung machte, wurde schon mal nach dem Reaktorunfall in Harrisburg 1979 beschworen, und wurde schnell wieder vergessen. Auch nach dem „Super-GAU" in Tschernobyl 1986 existierte eine Hoffnung auf ein Umdenken. Allerdings gab es seinerzeit Ausflüchte, weil der GAU in der Sowjetunion passierte, in einem Land, das wirtschaftlich, politisch und technisch alles andere als hochentwickelt war. Es war völlig verrückt. Während in der alten Bundesrepublik behauptet wurde, solch ein Unfall könne nur in einem „sozialistischen Kernkraftwerk" passieren, beruhigte man die Bevölkerung in der DDR damit, dass die radioaktive Wolke nicht über die Grenze käme. Plötzlich lag Salat in den Läden, der eigentlich Mangelware war, aber nun nicht nach Westdeutschland exportiert werden konnte. Die Informationen blieben dennoch nicht gänzlich ungehört, der Zugang zu den westdeutschen Fernseh- und Nachrichtenkanälen machte es möglich. Das war auch ein wichtiger Antrieb für die Umweltbewegung in der DDR. Über die Gefahren informieren, die Staatsapparatschiks zu Diskussionen zwingen, Messwerte bekannt machen – das waren wichtige Schritte. Zugleich brachte dies dem Uranbergbau in der DDR und vor allem seinen gefährlichen Folgen deutlich mehr Aufmerksamkeit. Die kirchliche Umweltbewegung und ihre Verbündeten sprachen zum Beispiel offen über die erhöhte Zahl der Krebserkrankungen in den Uranabbaugebieten, Leukämie und Schilddrüsenerkrankungen kamen hinzu.

Spätestens nach Tschernobyl jedenfalls hätte allen klar sein können, wie gefährlich die Atomkraft ist und vor allem, dass ein Unfall vieles unwiederbringlich zerstört, Menschenleben kostet, schwerste Krankheiten verursacht, kurz, Risiko und Nutzen mitnichten in einem sinnvollen Verhältnis stehen. Heute gibt es neue Schwüre und wir wissen noch nicht – um im Bild zu bleiben –, ob die Finger hinter dem Rücken verschränkt sind oder ob es ein echter Schwur ist. Ich würde sagen, es gibt beide, es gibt diejenigen, die wirklich umdenken, die jetzt merken, es ist kein Argument mehr für die Sicherheit von Atomkraft da, es gibt keine Entschuldigung mehr. Die Technik in Japan war so ausgereift, wie sie nur ausgereift sein kann in einem demokratischen Hightech-Land. Und trotzdem hat es diesen GAU gegeben, trotzdem war die Situation nicht beherrschbar. Selbst die härtesten Atomkraftgegner, die immer davon geredet haben, was alles passieren kann, rechneten ja nicht mit einer solchen Ansammlung von Problemen, Versagen, Zusammenbrüchen. Wohl kaum einer hätte sich das vorstellen können. Und dennoch weiß ich nicht, ob man sagen kann, das Umdenken hat jetzt begonnen. Gibt es politische Mehrheiten mit CDU und FDP für einen Ausstieg oder nicht? Sucht man sich doch wieder Lücken und will es weiter probieren? Es wird ganz sicher verstärkt so kommen, dass Druck ausgeübt wird, nach dem Motto: Wenn wir AKWs abschalten, dann wird Strom teurer. Es wird das Argument herausgeholt, wir brauchen dann wieder mehr konventionelle Kraftwerke, die mit fossilen Rohstoffen, zum Beispiel Kohle, arbeiten, das bedeutet einen höheren Ausstoß von CO_2, und das führe doch zur Klimakatastrophe. Vielleicht gibt es einen neuen Konsens. Aber der wird schon noch ein paar Hintertüren haben, damit die Leute, die immer an Atomenergie geglaubt haben, weiter daran festhalten können. Die Glaubwürdigkeit wird davon abhängen, ob die alten Reaktoren tatsächlich abgeschaltet bleiben. Davon, ob der Umstieg auf die erneuerbaren Energien wirklich mit ganzer Kraft erfolgt oder ob wir eine neue klimaschädliche „Brückentechnologie" brauchen. Heute sagen Berechnungen, dass es bis zum Jahr 2017 möglich ist, vollständig auszusteigen. Was für ein wunderbares Signal im 500. Jahr der Reformation wäre das! Aber auch, was auf dem Weg dorthin passiert, ist nicht egal. Die Sicherheitsstandards müssen verschärft und ihre Einhaltung permanent überprüft werden. Es reicht auch nicht, sich in Deutschland für die Abschaltung der Atomkraftwerke einzusetzen. Notwendig ist es, dass Deutschland seinen Einfluss in Europa geltend macht, hilft, in anderen Ländern Laufzeiten zu verkürzen, das Abschalten zu forcieren, natürlich Neubauten zu verhindern und für gemeinsame und zwar sehr hohe europäische Sicherheitsvorschriften zu sorgen. Auch davon hängt die Glaubwürdigkeit ab. Nur die Wählerinnen und Wähler im eigenen Land beruhigen zu wollen, reicht für einen echten Umstieg nicht aus.

Der Unfall in Fukushima wurde erst sehr spät auf der Internationalen Bewertungsskala für nukleare Ereignisse (INES) mit dem höchsten Level 7 bewertet, also so wie Tschernobyl. Es hat lange gedauert, bis die japanische Regierung das Ausmaß der Katastrophe zugegeben hat. Trotzdem gibt es viele Leute, die sagen, die Sache haben wir jetzt im Griff. Und beides passiert gleichzeitig: Der Versuch, den Eindruck zu erwecken, man könne die Situation beherrschen und das Eingeständnis, dass man es mit einem „Super-GAU" zu tun hat. Und immer wieder, auch um den 25. Jahrestag der Tschernobylkatastrophe herum, heißt es, die Situation sei heute nicht so schlimm wie damals. Ja, sie ist anders, weil es keine große Explosion gab, keine radioaktive Wolke. Aber eben eine drastische Verstrahlung der Region, Feuerwehrleute durften nur wenige Minuten in die Nähe des Reaktors, Lebensmittel wurden unbrauchbar und Millionen Liter radioaktiv verseuchtes Wasser wurden ins Meer gepumpt. Das alles konnte sich niemand so vorstellen. Nein, ich weiß nicht, ob es ein Umdenken geben wird.

Bleiben wir noch mal bei Kleist und seiner „Hoffnungslosigkeit": Zeigt sich nicht am Beispiel der Katastrophe vom 11. September 2001, dass es tatsächlich wenig Anlass zu Optimismus gibt? Westliche und islamische Welt sind danach nicht zusammengerückt, im Gegenteil, wir haben jetzt Krieg in Afghanistan und im Irak, wir begegnen der islamischen Welt misstrauischer, sie uns feindseliger denn je. Der „Clash of Civilizations", der Kampf der Kulturen, wie der amerikanische Soziologe Samuel Huntington das genannt hat, ist nicht gebannt, befriedet worden, das Verhältnis hat sich alles andere als entspannt. Hat Kleist also nicht doch recht, der im Übrigen Hoffnungslosigkeit nicht genüsslich, sondern eher tiefverzweifelt beschrieben hat?

KATRIN GÖRING-ECKARDT   Wir haben damals über Terroristen geredet, vielleicht gab es ein Netzwerk von Terroristen, das wir nicht erkannt hatten. Das wussten wir nicht, heute denken wir, es war eher nicht so. Und auch der Tod von Osama bin Laden ist ja nicht ein Ende terroristischer Netzwerke. Aber eigentlich waren wir an einem Punkt, an dem Politiker einsehen mussten, dass sie die Lage nicht überschauen konnten und das auch zugeben mussten. Das ist eine schwierige Situation. Normalerweise trifft man politische Entscheidungen, nachdem man zumindest annimmt, relativ viel über einen Sachverhalt zu wissen. Und in diesem Fall nahmen wir das Schlimmste an und folgten einem verständlicherweise weit verbreiteten Sicherheitsbedürfnis. Die konkreten politischen Entscheidungen für schärfere Kontrollen und Sicherheitsmaßnahmen waren aber immer durchdrungen von zweifelnden Fragen: Wie viel Freiheit geben wir damit auf? Verraten wir damit nicht die Grundwerte unserer offenen Gesellschaft? Auch diskutierten wir zu Recht viel darüber, ob nicht muslimische Menschen unter Generalverdacht gestellt würden. Die Ängste vieler Menschen und unsere liberalen Grundwerte gerieten damals gewissermaßen in ein Spannungsverhältnis. Den Abwägungsprozess zwischen Freiheit und Sicherheit haben wir aber im Großen und Ganzen sehr gut hinbekommen, allein die öffentliche Debatte darüber war so etwas wie gelebte Demokratie und ein Beweis für die Offenheit unserer Gesellschaft.

Dass in der Folge unser Verhältnis zur islamischen Welt extrem aufgeladen, explosiver im wahrsten Sinne des Wortes, angstbesetzter ist, würde ich nicht sagen. Es gab schon immer Angst vor angeblicher Überfremdung, Angst vor sogenannten Flüchtlingsströmen. Den Polemik-Gedanken, das Boot sei voll, gab es schon vor dem 11. September. Auch kurz nach diesem Anschlag haben Leute gesagt, es ist nicht der Islam, der das tut, wenn, dann sind das Terroristen, die den Islam missbrauchen. Beide Positionen gibt es auch heute: Die einen, die meinen, es sei der Islam, der gewalttätig ist, die anderen, die meinen, wenn es Terrorismus unter diesem Deckmantel gibt, dann ist es ein Missbrauch religiöser Glaubensüberzeugung. Und so sehe ich das auch. Wer eine Religion missbraucht, auch als Argument, disqualifiziert sich selbst. Die Ereignisse des 11. September haben den Menschen ohne Frage einen Schock versetzt, aber es ist natürlich Unsinn, jetzt plötzlich Angst vor dem Islam zu bekommen.

Und trotzdem gibt es viele Menschen, die ein flaues Gefühl beschleicht, wenn mit ihnen ein bärtiger, irgendwie „arabisch-aussehender" Mann in ein Flugzeug steigt. Hat das nichts mit Angst zu tun, die wir jetzt empfinden und die es vor dem 11. September so nicht gab?

KATRIN GÖRING-ECKARDT Natürlich hat das mit Angst zu tun, weil ein Feindbild produziert wurde. Nicht einmal von allen in böswilliger Absicht, würde ich sagen. Die Anschläge, die Bilder vom World Trade Center, das war schrecklich. Aber wir verharrten nicht in Schockstarre. Die Situation nach dieser Katastrophe war auch nicht hoffnungslos. Im Gegenteil, am Beispiel des 11. September kann man sehen, dass eine Bewegung in die andere Richtung eingetreten ist, weil wir uns plötzlich mit dem Islam und der arabischen Welt überhaupt intensiv beschäftigt haben. Wir haben über islamische Kultur, Politik diskutiert. Wir hatten auf einmal Menschen vor uns, die bekannten: Ich bin übrigens Muslim. Du hast das bisher wahrscheinlich nicht gewusst. Ich bin kein Terrorist, nein, ich bin immer noch dein freundlicher Nachbar oder die Kollegin in der Schule. Insofern würde ich, was den 11. September und die Folgen betrifft, nicht von Hoffnungslosigkeit sprechen. Letztlich haben wir durch den Schrecken gelernt, genau hinzuschauen, zu differenzieren und uns so natürlich auch mit den Dingen auseinanderzusetzen, die wir falsch finden.

ELLEN UEBERSCHÄR   Die Reaktion auf die furchtbare Tat war einfach Angst. Es kann jederzeit und überall und immer wieder passieren. Ich erinnere mich, wie ich in den Tagen nach dem 11. September meinen Kinderwagen immer an schwer bewaffneten Sicherheitsleuten vorbeischieben musste, wenn ich in den Supermarkt wollte. Der teilte sich zufällig die Tiefgarage mit dem Bundesinnenministerium. Ich fand die feindseligen Blicke auf mich und mein Kind paranoid. Angst ist ja nicht abgebaut, sondern, wie Katrin Göring-Eckardt gesagt hat, geschürt und benutzt worden. Auch mit Hilfe des Kampfes zwischen Gut und Böse. Da ist die Welt eingeteilt worden – in bärtige Böse und in Gute. Angst ist ein menschliches Grundgefühl, das sich leicht mobilisieren lässt. Auch das Unbehagen, neben dem bärtigen Mann im Flugzeug zu sitzen, beruht auf Angst. Die Frage ist nur, ob ich damit rational umgehe. Kann ich sagen, warum ich jetzt diese Angst habe, und wie realistisch sie ist, spreche ich den Mann jetzt beispielsweise einfach an? Welches Menschenbild habe ich eigentlich? Ich war froh, als der Vatikan auf den Tod von Osama bin Laden nicht mit Freudentänzen reagierte wie einige Menschen auf Ground Zero, sondern das christliche Menschenbild klar und deutlich artikulierte: Der Tod eines Menschen ist kein Grund zur Freude.

Zumal wir Deutschen offensichtlich eine besondere Affinität zur Angst haben. Die „German Angst" ist sprichwörtlich geworden für eine oftmals übersteigerte Sorge in allen möglichen Lebenslagen. Und nun wird auch die Skepsis der Deutschen, was die Sicherheit der Atom-Technologie angeht, von anderen Nationen spöttisch mit der „German Angst" in Verbindung gebracht.

KATRIN GÖRING-ECKARDT Vielleicht ist „German Angst" gar kein negatives Zeichen, sondern eine besondere Eigenschaft der Deutschen, Verantwortung zu spüren und zu übernehmen und sie nicht mehr abzuschieben. Sich zu fragen, tatsächlich ernsthaft zu fragen, was bedeutet zum Beispiel das Reaktorunglück in Japan für uns hier. Da gibt es dann immer die einen, die sagen, die „da oben" müssen das jetzt regeln. Und dann gibt es auch die anderen, die denken, ich muss einen Beitrag dazu leisten. Die sich fragen, was bedeutet eine so entfernt stattfindende Katastrophe eigentlich für mich. Wir bleiben eben nicht bei der Angst stehen, und deswegen finde ich diese Zuschreibung, dieses „German Angst"-Gerede, ziemlichen Quatsch. German Angst würde heißen, man sitzt tatenlos da und richtet sich ein in seiner Angst. Aber im Moment ist es so, dass sich die Deutschen jede Menge Gedanken um Atomkraft machen und nicht einfach nur Angst haben. 75 Prozent der Deutschen sagen, wir wollen sehr schnell aus der Atomkraft aussteigen! Fast genauso viele sagen, wir nehmen dafür auch in Kauf, dass der Strom teurer wird. Laut einer Sternumfrage vom April 2011 halten 60 Prozent es für akzeptabel, bis zu zehn Euro im Monat mehr zu zahlen.

Wenn es hart auf hart kommt, der Strompreis wirklich in die Höhe schießt, kann das schnell wieder anders aussehen.

KATRIN GÖRING-ECKARDT Ja, einverstanden, aber es ist ja trotzdem die Frage, ob man Angst kombiniert mit „ich bleibe stehen und hoffe, dass die alten Verhältnisse wieder hergestellt werden" oder ob man Angst damit verbindet zu sagen, „es muss sich etwas ändern und möglicherweise hat das sogar Auswirkungen auf mich selbst". Allerdings: zu den Strompreisen kann man auch jetzt schon Klarheit schaffen, hier einmal einfach mit Zahlen: Bundeswirtschaftsminister Brüderle geht von einer Mehrbelastung durch den schnelleren Atomausstieg von rund 1 bis 2 Milliarden Euro aus. Drei Milliarden kamen sogar ihm etwas hoch vor. Selbst wenn man 3 Milliarden Euro Kosten Mehrbelastung pro Jahr annehmen würde: Umgerechnet auf rund 530 Milliarden Kilowattstunden Stromverbrauch pro Jahr in Deutschland würden alle Verbraucherinnen und Verbraucher nur rund 0,5 Cent je Kilowattstunde mehr zahlen. Die Energiewende würde so für einen durchschnittlichen Haushalt 1,50 Euro im Monat mehr kosten. Horrende Kosten werden auch gerne durch den Ausbau der Übertragungsnetze suggeriert. Doch für den Strompreis spielen die Kosten der Übertragungsnetze so gut wie keine Rolle, heute machen sie gerade mal 2,5 Prozent der Stromkosten aus. Das sollte in den meisten Haushalten sogar durch konsequentes Energiesparen ausgeglichen werden können. Im Übrigen kann man nur dazu raten, dass möglichst viele auf Ökostrom umsteigen. Denn wenn man ganz ehrlich ist, sind erneuerbare Energien heute schon günstiger als konventionelle Energieträger: Rechnet man die Umwelt- und Klimabelastungen hinzu, kostet Windstrom uns 7,6 Cent und Wasserstrom 6,5 Cent. Strom aus Braun- und Steinkohlekraftwerken kosten 12,1 Cent und Atomstrom sogar 12,8 Ct/kWh. Erneuerbare Energien sind also nicht teurer und der Umstieg macht zugleich Druck auf die regierende Politik und die Stromkonzerne.

Bürgerinnen und Bürger können die Dinge selbst in die Hand nehmen und sie tun das auch. Es gibt doch eine Entwicklung hin zur Bürgergesellschaft. Man sieht das an den Protesten in Stuttgart, an den Demonstrationen gegen Atomkraft, an Initiativen für Gentechnikfreiheit und auch an den vielen Petitionen, die es inzwischen im Internet gibt. Eines meiner Privilegien als Politikerin ist es, viel herumzukommen, und ich entdecke an vielen Orten die Bereitschaft, Verantwortung zu übernehmen. Man lässt nicht mehr die Politik oder die Verwaltung machen, nicht „die da oben", um es ganz allgemein zu sagen, sondern zunehmend sind Menschen bereit, sich einzumischen. Kleine Orte entscheiden sich mit ihren Bürgerinnen und Bürgern, ihre Energieversorgung selbst in die Hand zu nehmen und unabhängig von den großen Unternehmen zu werden. Der Wutbürger ist längst zum Mutbürger geworden. Bürgerinnen und Bürger kämpfen für den Erhalt ihrer Stadttheater. In einem kleinen thüringischen Dorf haben die Bewohner, kein einziger ist Christ, ihre Kirche vor dem Verfall gerettet. Die Tafelbewegung sorgt in ganz Deutschland dafür, dass Supermärkte die Lebensmittel nicht mehr wegwerfen sondern spenden, und so kann Bedürftigen geholfen werden.

ELLEN UEBERSCHÄR Es spricht vieles dafür, dass „German Angst" gar nicht mehr „german" ist. In anderen Ländern ist sie viel verbreiteter. Als die Wirtschaftskrise kam, waren die politischen Reaktionen der Deutschen ausgesprochen cool und unaufgeregt. Das sah beispielsweise in England anders aus.

Ich weiß allerdings nicht, ob man das, was wir „German Angst" nennen, gleich als Zeichen dafür sehen sollte, dass man hierzulande Verantwortung übernimmt. Vielmehr herrscht in Deutschland eine Sicherheitsmentalität. Immer, wenn etwas aus dem Ruder gerät, wenn zum Beispiel ein Zug entgleist, dann entsteht auf einmal Panik, weil man damit nicht gerechnet hat. Man rechnet überhaupt nicht damit, dass ein Zug, ein Flugzeug, ein Auto, dass irgendetwas, das als „sicher" gilt, plötzlich nicht mehr funktioniert.

KATRIN GÖRING-ECKARDT Das sieht man ja sehr schön, wenn im Winter mal in den ICEs die Heizungen ausfallen. Dann gibt es diesen Aufschrei: Das kann doch nicht sein!

ELLEN UEBERSCHÄR Das ist dann wochenlang ein Thema in den Zeitungen. Dabei ist sonnenklar, dass Technik anfällig für Fehler ist. Aber dann werden Ingenieure und alle möglichen Verantwortlichen beschimpft, warum sie eine Extremsituation nicht vorhergesehen haben und wie es sein kann, dass die Technik ausfällt. Zudem bei uns, bei uns Deutschen, die wir doch diejenigen sind, die mit großer Präzision und wahnsinnigem Know-how alle Dinge auf die Reihe kriegen, bei denen alles funktioniert. Aber so ist es eben nicht. Und wenn Fehler passieren, technische Fehler, was eigentlich normal ist, dann entsteht diese Panik, die man als „German Angst" bezeichnet.

Geradezu zynisch finde ich es, wenn zum Beispiel Leute in Russland auf uns gucken und sagen: Was regen die sich jetzt auf? So ein kleiner Atomunfall! Atomunfälle passieren eben, was ist das für eine Panikmache bei denen! Es seien sozusagen Wohlstands-Probleme, die wir haben. Das finde ich extrem zynisch, weil das den Wert eines Menschenlebens und den Wert einer intakten Natur in einer Art herabsetzt, über die ich nur erschrocken sein kann. Das ehrliche Umdenken, auch bei früheren Atombefürwortern, wird abgetan nach dem Motto, die schieben jetzt Panik und werden schon auf den Pfad der Vernunft zurückkommen. Das finde ich menschenfeindlich, vor allem den Opfern des Tschernobyl-Versagens gegenüber. In der Hannoverschen Landeskirche gibt es bis heute eine Initiative, die Kinder aus Weißrussland, die der Strahlung ausgesetzt waren oder sind, im Sommer für einige Wochen nach Deutschland einlädt. Wären die Hannoveraner so zynisch, würden sie das nicht tun.

Das Wiederaufkommen der „German Angst"-Debatte nach Fukushima hat wohl auch damit zu tun, dass hierzulande gleich Geigerzähler und Jodtabletten ausverkauft waren und man wochenlang fiebrig diskutierte, wann und wie die radioaktive Wolke zu uns kommen könnte. Dabei sind wir weit, weit weg von Fukushima, wenn schon, dann hätten andere mehr Gründe, sich Sorgen zu machen, ganz zu schweigen von den Japanern selbst.

KATRIN GÖRING-ECKARDT Das finde ich allerdings überhaupt nicht absurd. Dass Leute in ihrer Hilflosigkeit Jodtabletten kaufen, okay. Das ist doch nur ein Ausdruck dafür, dass die Menschen ihre Kinder und sich selbst zu schützen versuchen. Sich einen Geigerzähler zu besorgen, bedeutet lediglich: Ich will selbst genau wissen, was los ist, ich vertraue Institutionen oder Medien einfach nicht. Das ist doch keine Panikattacke. Panik wäre es, wenn die Leute anfangen würden, Supermärkte leer zu kaufen.

Und dass man sich fragt, welche unmittelbaren Folgen ein möglicher radioaktiver Niederschlag bei uns hätte, finde ich auch nicht verrückt, im Gegenteil. Die Möglichkeit, radioaktive Teilchen könnten durch Luftströmungen zu uns kommen, ist real. Natürlich ist das, was in Fukushima passierte, weit weg. Und es gab keine Explosion wie in Tschernobyl, nicht diese unmittelbaren Folgen für Deutschland, aber die Sorge ist legitim.

ELLEN UEBERSCHÄR Sich sorgen, auch für andere – das ist nicht spezifisch deutsch, aber möglicherweise etwas, das hierzulande stark verbreitet ist. Man ist schneller bereit, sich Sorgen zu machen und diese dann durch Aktivität zu mindern. Das kann dann wie im Fall der Jodtabletten etwas übertrieben sein. Die massive Sorge, die wir jetzt haben, hat wahrscheinlich damit zu tun, dass es hierzulande schon seit längerem einen Konsens gegen Atomkraftwerke gibt und dass das Bewusstsein für die Gefahren von Kernenergie in Deutschland einfach weiter entwickelt ist. Anders kann man den Unterschied in den Reaktionen hier und in anderen Ländern nicht erklären. In Frankreich kauft sich der Nuklear-Konzern Areva im Grunde von der Angst frei. Da wird Atomkraft an das Nationalparadigma und den Stolz der Franzosen gehängt, weswegen niemand gegen Atomkraft sein darf. Der Nationalstolz ist stärker als die Angst, wer Angst hat, ist kein Franzose. In Tschechien hat man noch gar nicht so darüber nachgedacht und die Regierung verbreitet nur Beschwichtigungstheorien. In Deutschland ist dagegen ein ungefiltertes, ungehemmtes Bewusstsein für die Gefahr der Atom-Technologie vorhanden, und deswegen reagieren die Leute so. Das ist ein Thema, das permanent präsent ist. Zum Beispiel durch Gorleben und die Frage nach einem atomaren Endlager: Die Sorge ist bei uns immer da, die ist nicht plötzlich mit Fukushima gekommen, sondern sie ist etwas, das dieses Land immer begleitet.

In der DDR war das auch anders. Über Tschernobyl hatten wir fast keine Informationen. Als ich zwei Jahre nach dem Reaktorunglück, 1988 nach Westberlin ausreisen durfte, sah ich auf Wühltischen Bücher zu dem Thema, von Müttern, die sich Sorgen um ihre Kinder gemacht haben und die aufhörten zu stillen, und was weiß ich nicht alles. Ich habe mich darüber gewundert, weil ich von dem Ganzen gar nichts wusste.

Haben Sie kein West-Fernsehen geschaut?

ELLEN UEBERSCHÄR Doch, natürlich. Aber trotzdem haben wir uns anders verhalten. Niemand in der DDR hat angefangen, irgendwelche Vorsichtsmaßnahmen gegen Radioaktivität zu ergreifen.

KATRIN GÖRING-ECKARDT Jedenfalls die meisten nicht.

ELLEN UEBERSCHÄR Wir mussten nach dem 26. April 1986 ganz normal in die Schule gehen und da wurde überhaupt nicht darüber gesprochen. Diesen Modus der Sorge, der politisch artikulierten Sorge, den gab es einfach nicht. Vielleicht die Sorge Einzelner, die begriffen hatten, was gerade passiert war. Das ist ein Unterschied zu heute. Das Bewusstsein und das Wissen, auch im Sinne von Informiertsein über die Gefahren der Kernenergie, ist relativ groß.

Fukushima war nun noch einmal ein besonders großer Schock. Ist jetzt, nach dieser Katastrophe, die Zeit reif für eine Wende? Für eine Wende in der Energiepolitik?

KATRIN GÖRING-ECKARDT Der Zeitpunkt war schon längst da. Man hätte nicht Fukushima gebraucht, um zu sagen, es muss eine radikale Wende in der Energiepolitik geben. Aber trotzdem hat sich mit Fukushima die Welt verändert, weil in Fukushima das tatsächlich geschehen ist, wovon wir alle ausgehen mussten, dass es irgendwann passiert.

In den Wahrscheinlichkeitsrechnungen der AKW-Betreiber lag die Möglichkeit eines Reaktor-Unfalls bei 4 zu einer Million pro Reaktorjahr.

KATRIN GÖRING-ECKARDT Nein, die Rechnung stimmt nicht. Wir haben in Deutschland jedes Jahr rund 200 sicherheitsrelevante Vorfälle in Atomkraftwerken. Seit 1965 wurden in Deutschland fast 6000 „meldepflichtige Ereignisse" in den Reaktoren gezählt, das sind zwei bis drei Pannen pro Woche. Einige dieser Pannen haben jedes Jahr das Potential zum schweren Störfall zu eskalieren. Ich erinnere nur an die Wasserstoffexplosion in Brunsbüttel 2001, dem Brand im Atomkraftwerk Krümmel 2007 und ganz aktuell der erneute Zwischenfall in Biblis im April 2011, also nach der Katastrophe in Fukushima. Ich würde sagen, das, was zum Umdenken hätte führen können, ist bereits viel früher als Fukushima geschehen. Das hätte nach Harrisburg passieren können, nach dem Unfall 1979, als es dort zu einer Kernschmelze kam. Nach Tschernobyl, nachdem sich das atomare Endlager Asse als überhaupt nicht sicher herausgestellt hat. Es gibt etliche Zeitpunkte, an denen man hätte sagen können, wir steigen aus der Atomenergie aus.

Die Erschütterung, die heute in vielen Teilen der Bevölkerung da ist, kommt auch durch eine veränderte Kommunikation, durch Bilder, Informationen, Fakten. Tschernobyl war weit weg. Es gab Bilder von dem havarierten Reaktor, spät, und die waren verschwommen, von irgendwelchen Hubschraubern aufgenommen. Heute haben wir aus Fukushima 24 Stunden lang Livebilder. Wir bekommen sofort mit, dass die Menschen in der evakuierten Zone nicht mehr leben können; wir erleben das quasi so, als ob es direkt bei uns wäre, es geschieht, wieder und wieder im eigenen Wohnzimmer. Die Welt rückt durch die Medien, durch Bilder und Informationen näher zusammen. Plötzlich spüren wir viel deutlicher, dass der Nächste eben tatsächlich auch der ferne Nachbar ist. Das hat etwas sehr Demokratisches. Die japanische Regierung, Tepco, die Betreibergesellschaft des Atomkraftwerkes, konnten nach dem Reaktorunfall eine ganze Menge Informationen nicht geheim halten, auch wenn sie es versucht haben. Es war immer nur die Frage, wann geben sie zu, dass die Information stimmt, und nicht mehr, ob es Informationen gibt. Das ist ein wichtiger Unterschied zu Tschernobyl.

ELLEN UEBERSCHÄR   Sicher, es hat viele Momente gegeben, an denen ein Umdenken in der Energiepolitik möglich gewesen wäre. Aber diese Katastrophe zeigt doch, wir brauchen eine fehlerfreundliche Technik in unserer fehleranfälligen Welt. Stattdessen tun wir immer so, als müssten wir durch technische Perfektion diese Fehler ausschalten. Als wäre es möglich, sie auszuschalten. Das ist es, was uns wirklich in den Ruin treibt! Da geht es gar nicht darum, ob wir der Natur genügend Raum lassen und was sie sich von uns gefallen lässt. Wirklich zerstörerisch ist, dass wir Menschen nicht akzeptieren, dass wir Fehler machen. Wir müssen Fehler einkalkulieren und deswegen müssen wir von allem die Finger lassen, das so gefährlich ist, dass wir die Wirkung am Ende nicht zurückdrehen können. Der große Philosoph und Naturwissenschaftler Carl Friedrich von Weizsäcker hat gesagt: „Alles zu tun, was technisch möglich ist, ist ein untechnisches Verhalten." Und Goethe hat das in diesem schönen Gedicht vom Zauberlehrling untergebracht, das wir alle auswendig lernen mussten: „Die Geister, die ich rief, die werde ich nicht mehr los." Nur dass nachher, wenn die Kernschmelze eingesetzt hat, kein Zauberlehrer kommt und das Schreckliche wieder abschaltet. Wir müssen überlegen, wie wir die Welt so gestalten, dass wir in ihr leben können und es auch möglich ist, einen Fehler zu machen. Wir erleben das ja auch beim Klimawandel-Thema. Es gibt Leute, die arbeiten daran, das Problem nicht durch die Minderung des CO_2-Ausstoßes und die Energiewende zu lösen, sondern technisch, durch Geo-Engineering. Durch ein Herumfummeln der Ingenieure an den Umweltprozessen, die das Klima bestimmen. Dieser absolute Machbarkeitswahn, der – jenseits aller Nachhaltigkeit und Rücksicht – Jahrhunderte lang erfolgreich war, dessen Folgen aber seit langem sichtbar sind, hört nicht auf. Es wird sich zeigen, ob er jetzt an seine Grenzen kommt oder ob die Grenze sogar schon überschritten ist. Die Veränderung des Klimas, die Ausbeutung der Ressourcen, all das lässt sich kaum noch zurückdrehen.

Nehmen wir das Auto und reden wir mal nicht gleich über CO$_2$ – obwohl sich ja auch da durch den technischen Fortschritt vieles getan hat –, sondern über Sicherheit. Es gibt immer mehr Autos, immer mehr Verkehr, man fährt viel schneller und trotzdem gibt es weit weniger Verkehrstote. Dank der Fahrzeug-Ingenieure, die Fehler analysiert haben und immer bessere Sicherheitssysteme entwickelt haben, Sicherheitsgurte, Airbags, Antiblockiersysteme, Elektronische Stabilitätsprogramme und so weiter, da lernt der Mensch gewissermaßen aus seinen Fehlern. Bei der Kernkraft ist das anders, da hat ein Fehler unter Umständen so verheerende Folgen, dass man keine Chance zur Korrektur mehr hat.

77

KATRIN GÖRING-ECKARDT   Wir wären keine guten Protestantinnen, wenn wir Fortschritt nicht gut finden würden. Auch technischen Fortschritt. Und wir wären keine guten Deutschen, wenn wir die Ingenieurskunst und -kunde nicht gut finden würden. Aber die Frage ist, was man eigentlich gelernt hat, wenn etwas technisch nicht gut funktioniert hat. Wenn etwas unvollkommen gewesen ist. Im Grunde genommen ist alles der Versuch, die Natur zu beherrschen, sie zu überlisten. Wenn es uns nicht schnell genug geht, von A nach B zu laufen, dann erfinden wir erst ein Rad, dann erfinden wir Zwei-, dann Vierräder und zuerst kommen Zugpferde und dann kommt da noch ein Motor dran. Natürlich ist das gut, ich finde das auch gut. Ich finde es total spannend, dass wir sicherere Autos entwickeln, dass wir Autos konstruieren, die jetzt leichter sind, weniger CO_2 ausstoßen, man trotzdem ankommt und das schnell. Es geht aber gar nicht darum, ob wir etwas aus den Katastrophen und Unfällen, die passiert sind, lernen und danach etwas besser machen als zuvor. Sondern die entscheidende Frage ist, ob wir bereit sind, für den Fortschritt Nachteile in Kauf zu nehmen. Bleiben wir bei dem Beispiel Verkehr. Die Zunahme des Individualverkehrs mit seinem CO_2-Ausstoß bringt uns schlussendlich um unsere Lebensgrundlagen. Deswegen müssen wir wahrscheinlich in Zukunft auf eine ganze Menge Individualverkehr verzichten. Sind wir bereit, unsere Klugheit, unsere Ideen, unseren Forschergeist dafür einzusetzen, dass der Individualverkehr reduziert werden kann, und zwar jetzt? Oder brauchen wir Katastrophen, Tote und extreme Schwierigkeiten und ganz banal die Erfahrung, dass die Staus immer länger werden? Sind wir bereit wirklich umzudenken, wirklich ein anderes Leben zu führen? Natürlich sind Atomkraftwerke sicherer geworden und selbstverständlich sind neue Technologien entwickelt worden, die beherrschbarer sind, aber eben nicht absolut beherrschbar. Selbstverständlich entwickeln wir sichere Autos und legen einen Gurt um, damit wir nicht mehr durch die Scheibe fliegen. Aber ich kann trotzdem vor einen Baum fahren, weil ich am Steuer einschlafe. Und ich fahre möglicherweise nicht nur vor einen Baum, sondern fahre auch noch das Kind tot, das auf dem Fußweg steht. Da helfen alle Sicherheitsvorkehrungen nichts, weil Menschen eben Fehler machen. Insofern geht es im Grundsatz nicht darum, ob wir aus Katastrophen lernen, sondern ob wir bereit sind, ein anderes Leben zu führen. Oder wollen wir alles immer nur noch besser, noch bequemer, wollen noch verbrauchender, konsumierender auf den alten Pfaden weitergehen.

Womöglich gewinnen wir diesem anderen Leben am Ende etwas ab, empfinden es als glücklicher. Im Übrigen erleben wir ja derzeit einen Sinnes- und Lebenswandel hin zu einer skeptischen Haltung gegenüber den Verheißungen der Wachstumslogik. Eine Erfindung von Lebensstilen, die nicht mehr unhinterfragt dem „höher, schneller, weiter" folgen. Die Verschwendung natürlicher Ressourcen und die Beschädigung der Lebensgrundlagen kommender Generationen wollen viele nicht mehr einfach so hinnehmen, genau so wenig wie ein Leben auf Kosten der Menschen in den weniger entwickelten Ländern der Welt. Dahinter steht, glaube ich, auch eine Neudefinition des Glücks.

Wenn Wachstum das alleinige Kriterium für ein gelingendes und glückliches Leben wäre, dann müsste man sich ja darüber freuen, wenn jemand sich in der Kneipe betrinkt und dann sein Auto zu Schrott fährt. Reparatur oder Neukauf bringen schließlich die Wirtschaft in Schwung. Anders, weniger zynisch gesagt: Der Maßstab des Wirtschaftswachstums anhand des Bruttoinlandsproduktes sagt absolut nichts darüber aus, wie lebenswert eine Gesellschaft ist, wie solidarisch sie ist, was für Kulturgüter sie hervorbringt, wie in ihr miteinander umgegangen wird. Diese Erkenntnis wird Mainstream. Und was gerade in vielen Milieus stattfindet, ist eine „Wende zum Weniger" im Sinne dessen, was Aristoteles das „Gute Leben" genannt hat. Dazu gehört die Sehnsucht nach Entschleunigung, Muße und mehr Zeit für Freunde und Familie genauso wie etwa der banale Wunsch nach einem Handy, mit dem man einfach nur telefonieren kann.

Glück kommt von Freiheit, auch von der Freiheit, die individuelle Mobilität mit sich bringt. Da kommt man nicht umhin.

KATRIN GÖRING-ECKARDT Tja, solange bis uns die individuelle Freiheit eben wieder massiv einschränkt. Bleiben wir beim Auto-Beispiel. Wie vielen nehmen wir die Luft zum Atmen, die Rohstoffe, die Energie, hier, am anderen Ende der Welt? Reden wir über den Verkehr. So sehr man über die Verspätungen der Bahn stöhnt, die Verspätungen auf der Autobahn sind weit größer, weil die Staus eben nicht ausbleiben. Oder denken wir noch einen Schritt weiter nach über unseren Konsum, unsere Ernährung, unter welchen Bedingungen werden diese Dinge hergestellt, wie viele Wälder abgeholzt, um billiges Soja zu produzieren, Hungerlöhne gezahlt, um die 5-Euro-T-Shirts herzustellen. Ist das Freiheit? Für uns vielleicht noch hier und da. Für die Menschheit?

Ein Leben zu führen, das auf anderen Glücksvorstellungen, Werten und Begehrlichkeiten beruht als unser bisheriges – das wäre ja wirklich eine Veränderung der „alten Ordnung", wenn wir an Kleist denken. Und das soll ohne den kathartischen Effekt einer Katastrophe gehen, die uns erschüttert? Ohne eine kleine Apokalypse, die zur Umkehr ruft?

KATRIN GÖRING-ECKARDT Katastrophen sind ja auch unterschiedlich. Neulich gab es wieder die Schlagzeile in der Zeitung: „Der Eisbär stirbt aus." Da gibt es dann ein Bild, wie der arme, kleine Eisbär auf einer Scholle sitzt. Wir sind dann ganz emotionalisiert, um Gottes willen, wir hatten die Sache mit dem Eisbären ganz vergessen, da müssen wir uns auch noch drum kümmern. Das machen wir dann vielleicht drei Tage lang, und dann reicht es auch. Ist das eine Katastrophe mit dem Eisbären oder nicht? Oder ist es nur eine Katastrophe, wenn es richtig knallt? Klimawandel und Artensterben sind schleichende, latente Katastrophen, die unmerklich vonstatten gehen.

Eigentlich könnte der Mensch anders denken und handeln. Er könnte sich fragen, was er wirklich braucht und wie das zusammengeht mit der Schöpfung und mit der

Sorge um seine eigenen Nachkommen. Ja, auch diese sehr biologistische Idee, dass man seine Gene weitergeben will, könnte ja schon ausreichen, um zu sagen: Vielleicht wäre es gar nicht schlecht, wenn die Gene, die ich weitergebe, in den Menschen, die dann zur Welt kommen, auch noch eine Umwelt haben, in der sie atmen können. Insofern braucht es gar keine Katastrophe um die Welt zu verändern, sondern nur ein klares Denken.

ELLEN UEBERSCHÄR Es ist zynisch zu denken, dass Katastrophen, Kriege und Leid Menschen eines Besseren belehren. Gerade das zeigt ja die Geschichte von Kleist. Gewalt gebiert Gewalt und wer Leid zufügt, dem wird Leid zugefügt. „Wenn dich einer auf die linke Wange schlägt, dann halte ihm auch die rechte hin" – das ist die kluge Logik Jesu. Gewaltkreisläufe müssen unterbrochen werden, die Sinne und die Geisteskräfte der Menschen nicht auf die Entwicklung neuer Tötungsmaschinen, egal ob für Menschen oder Natur, gerichtet werden, sondern auf die Feinheiten eines friedlichen Zusammenlebens, auf die mutige Veränderung ungerechter Strukturen und auf die Bewahrung der Schöpfung. Ich komme da schnell auf die Bergpredigt. Die Ideen von Jesus sind immer noch völlig uneingelöst. Wir leben so sehr daran vorbei. In diesem Kern des Evangeliums stecken Feuer und Kraft. Dass wir nicht mit Gewalt auf Gewalt antworten, dass wir nicht dem Mammon anhängen, dass wir nicht unnötig Sorgen produzieren. Nicht Neid und Gier und Angst sind die Haupttugenden der Menschen, sondern gegenseitiges Vertrauen und Vertrauen auf Gott. Gott weiß, was wir alles nötig haben zum Leben. All diese Dinge. Wir Christen sollten Vorbilder darin sein, nur so viel zu verbrauchen, wie nötig ist und eben nicht mehr. Es gibt diese Idee in der Welt und mehr Menschen müssten ihr folgen. Dafür braucht es eine Radikalität, vor der natürlich viele zurückschrecken und schauen, wo sie kleine Kompromisse finden, wo sie ein bisschen nach der Bergpredigt leben und ein bisschen für das Gute sind. Ich glaube, es braucht keine Katastrophe, um umzudenken, sondern es braucht Texte wie die Bergpredigt und Vorbilder wie Jesus. Es braucht Menschen wie Mahatma Gandhi, Martin Luther King, Rosa Parks oder Mutter Theresa, die sich irgendwann vom Ufer abgestoßen haben, die gesagt haben: Ich mache das jetzt anders, ich gehe einen anderen Weg. Das nötigt mir einen unglaublichen Respekt ab, weil ich weiß, ich selber bin zu dieser Radikalität nicht wirklich bereit, obwohl ich weiß, dass ich mich dann viel mehr im Einklang mit Gott und der Welt befinden würde. Und vielleicht auch viel glücklicher wäre.

KAPITEL III

Die hässliche Seite der Natur und der fragile Mensch

Hat die oft hilflose Reaktion auf eine Naturkatastrophe wie einen Tsunami oder ein Erdbeben auch etwas mit unserem merkwürdigen Naturverständnis zu tun? Wir denken, die Natur ist gut. Hässlich und böse wird es erst, wenn der Mensch eingreift. Wenn er sie bearbeitet, nutzbar macht, was oft mit ihrer Zerstörung gleichgesetzt wird. Die Natur ist nur so lange schön und friedlich, bis der Mensch auftaucht. Aber vielleicht ist es ganz anders, vielleicht ist die Natur a priori brutal.

ELLEN UEBERSCHÄR Unser Naturverständnis, jedenfalls das deutsche, ist nach meiner Beobachtung von der Romantik geprägt. Anders ist es ja auch nicht zu erklären, warum es in keinem anderen Land der Welt ein so intensives, emotionales Verhältnis zum Wald als Sinnbild der unberührten Natur gibt wie in Deutschland. Als Elias Canetti die einzelnen Völker charakterisierte, haben die

Deutschen den Wald bekommen. Das gefühlvolle Empfinden der Deutschen in ihren Wäldern hat ihn zu weitreichenden Erklärungen über den deutschen Volkscharakter kommen lassen. Der Wald ist tief in die Volksseele eingedrungen. Novalis, Eichendorff, Hölderlin, sie alle sind durch die Landschaft gewandert und haben sich am Wald als der unberührten Natur ergötzt. Neulich habe ich gelesen, in Japan sei das genau umgekehrt. Die Natur ist den Japanern eigentlich egal, die ist einfach so wie sie ist. Interessant und schön ist nur die Natur, die bearbeitet wurde. Also Bonsaibäume und Zen-Gärten. Ich glaube schon, dass wir hierzulande eher so ein Eiapopeia-Gefühl gegenüber der Natur haben. Von ihrer brutalen Seite wollen wir nicht viel wissen. Im Gegenteil, wir glauben, sie vollständig im Griff zu haben, sie zu beherrschen. Und ehrlich gesagt, so ist es ja auch. Wir beherrschen die Natur bis zu ihrer Vernichtung.

Bis ein Tsunami kommt, dann vernichtet die Natur uns.

ELLEN UEBERSCHÄR Das ist die japanische Erfahrung. Nicht unsere. Im Grunde genommen ist jeder Baum davon abhängig, ob wir ihn stehen lassen oder nicht. Das ist unser Verhältnis zur Natur. Es ist der Glaube an die grenzenlose Beherrschbarkeit, der uns am Ende selber frisst. Er ist das eigentlich Bedrohliche, das uns jetzt entgegenschlägt.

KATRIN GÖRING-ECKARDT Der Baum ist nicht davon abhängig, ob wir ihn stehen lassen, der kann wieder austreiben. Die Arten, die wir zerstören – es sind zwischen 50 und 100 am Tag –, sind ein für alle Mal weg. Wir beherrschen die Natur nicht. Vielmehr reagiert die Natur auf unseren Versuch, sie zu beherrschen. Sie sucht sich ihre Wege, mitunter verzweifelte Wege, muss man sicherlich sagen, um sich wieder ins Gleichgewicht zu bringen.

Das klingt so, als würde es der Welt besser gehen, wenn es den Menschen nicht gäbe.

KATRIN GÖRING-ECKARDT Die Frage, wie weit wir uns selber schaden mit unserem Versuch, die Natur zu beherrschen, ist die eigentlich entscheidende. Wenn man im romantischen Bild der Natur bleibt, kann man sagen, wie furchtbar, dass zig Schmetterlingsarten aussterben und trauert „nur" um einen gelben Falter. Doch wenn man die Sache zu Ende denkt, dann stellt man fest, mit dem Aussterben von Schmetterlingen vernichtet man womöglich eine eigene Lebensgrundlage. Wenn wir den Lebensraum der Schmetterlinge zerstören, dann hätte das ein Aussterben bestimmter Wiesenpflanzen zur Folge, welche nur von Schmetterlingen aufgesucht und bestäubt werden. Die haben eine Bedeutung für Nutztiere oder auch dafür, wie die Wiese beschaffen ist, ob sie beim nächsten Regen eine Überschwemmung auslöst, weil alles porös und locker wurde. Nicht nur, dass die Vielfalt der Natur zerstört wird: Da Schmetterlinge einen wichtigen Platz in der Nahrungskette haben, gehen auch Nutztieren langfristig wichtige Nahrungsquellen verloren.

Es geht dann nicht mehr nur darum, dass etwas Schönes nicht mehr da ist oder dass etwas, das mal dazugehört hat, weg ist. Wenn der Kreislauf der Natur an einer Stelle zerstört wird, hat das auch Auswirkungen auf alles andere, und irgendwann eben auch auf den Menschen. Deswegen würde ich nicht sagen, die Natur ist gut oder schlecht, aber das, was wir tun, hat immer Folgen. Manchmal unmittelbare Folgen, manchmal dauert es etwas länger, manchmal sehr lange.

ELLEN UEBERSCHÄR   Was ist die Konsequenz daraus? Dass wir Menschen verschwinden? Ich denke an die Gaia-Theorie von James Lovelock und William Golding. Der Theologe Jürgen Moltmann hat jüngst gefordert, diese These auch auf die Religionen anzuwenden. Die These ist kurz gesagt folgende: Atmosphäre und Biosphäre, Ozeane und Landmassen bilden zusammen ein komplexes System, einen „Erdorganismus". Gaia ist der griechische Name für die Erdgöttin. Die Welt ist keine tote, beliebig verfügbare Materie, sondern sie ist selbst wie ein Subjekt, ein Organismus eben, der Leben schafft, der Leben erhält, der Leben auch vernichten kann. Jürgen Moltmann folgert daraus, dass die Religionen die ökologische Frage endlich ernst nehmen müssen, weil sie durch ihre Jenseits-Hoffnungen die Erde viel zu sehr vernachlässigt haben und selbst zu Gewalttätern gegenüber der Erde geworden sind. Ich bin, ehrlich gesagt, unschlüssig, was ich davon halten soll.

Schwingen wir uns ein in die Gaia-Theorie und gibt es eine Art demokratisches Miteinander aller Lebewesen auf der Erde? Dann sind wir nicht mehr die Krone der Schöpfung und wollen nichts mehr beherrschen. Dann müssen wir aber auch akzeptieren, dass Naturerscheinungen zu unseren Ungunsten stattfinden, dass Menschen geopfert werden, also zu Tode kommen, wie bei jeder Naturkatastrophe auch Pflanzen und Tiere zugrunde gehen. Mit unseren gängigen Vorstellungen von der Menschenwürde und dem Wert des einzelnen Individuums passt das nicht gut zusammen. Wir schauen doch heutzutage, wie wir die Natur so beherrschen oder behandeln, damit möglichst wenige Menschen zu Tode kommen. Durch den medizinischen Fortschritt zum Beispiel. Wir sagen, Krankheiten sind nicht naturgegeben, wir arbeiten daran, Methoden zu erfinden, diese Krankheiten zu überwinden. Die Vorstellung von Krankheit war ja früher ähnlich wie die jetzt von Erdbeben: Sie ist einfach da, man kann nichts dagegen machen. Aber vielleicht kann man eines Tages sogar etwas gegen Erdbeben tun. Es wird ja bereits daran gearbeitet, und in Japan sieht man, dass es Fortschritte gibt. Im Grunde genommen beruht unser Schock weniger darauf, dass es in Japan den Tsunami und das Erdbeben gab, als viel mehr auf dem Reaktorunfall. Wenn wir die Zahlen der Opfer des Tsunami in Japan vergleichen – natürlich ist jedes Menschenleben unendlich wertvoll und eigentlich nicht zu zählen – mit der Zahl der Opfer des Tsunamis 2004, sind es wesentlich weniger Tote. Die Japaner sind eigentlich schon auf dem Weg, diese Naturgewalt zu beherrschen, etwa indem sie erdbebensichere Häuser bauen und ihr Leben so einrichten, dass sie die Erschütterungen nicht so stark beeinträchtigen.

Mit der Gaia-These käme man nicht zu diesem konsequenten Schutz des menschlichen Lebens, denn man müsste ja sagen: Gaia muss sich wieder in Balance bringen. Akzeptiere es. Es wird menschliche Opfer fordern, aber das ist notwendig. So wäre es, wenn die Natur über uns „herrschen" würde. So ökologisch verlockend die These ist, ich bin skeptisch. Man sagt von den Naturreligionen, dass sie ein anderes Verhältnis zur Erde, zur Natur haben. Wie die Indianer, die die Erde um Verzeihung bitten, wenn sie einen Baum fällen und einen neuen pflanzen. Das ist sympathisch, aber ich glaube, das reicht am Ende nicht.

KATRIN GÖRING-ECKARDT   Ich würde schon sagen, dass die Erde „reagiert". Denn natürlich bleibt unser Eingreifen nicht folgenlos. Und die Wirkung kennen wir oft gar nicht. Unsere schlichte Aufgabe wäre es ja, den Prinzipien der Nachhaltigkeit zu entsprechen. Die alte Nachhaltigkeitstheorie meint, dass man das, was man verbraucht, wiederherstellt. Den Baum wieder zu pflanzen, den man abgeholzt hat, ist eigentlich nicht zu viel verlangt. Das ist relativ einfach, das begreift im Grunde jeder. Das alte Forstwirtschaftsprinzip: Was man der Natur wegnimmt, muss man in irgendeiner Weise zurückgeben, so dass sie sich reproduzieren kann. Das darf man von uns als vernunftbegabte Wesen verlangen. Deswegen ist der Verbrauch fossiler Rohstoffe ja so problematisch. Kohle, Gas – und auch Uran ist ein fossiler Rohstoff – lassen sich nicht wieder herstellen. Was von ihnen bleibt, ist in dem einen Fall eine hohe Belastung mit CO_2, im anderen die ungeklärte Endlagerfrage.

Nicht verlangen muss man, dass wir in jeder Situation gleich durchschauen, was wir tun, wenn wir in die Natur eingreifen. Aber gerade dann, wenn es klar ist, müssen wir damit verantwortungsbewusst umgehen. Darum geht es, um diesen Gedanken der Verantwortung: Was erhalten wir für die kommenden Generationen? Schlicht und ergreifend dreht es sich um die Frage, ob zum Beispiel durch den Klimawandel unsere Urururenkel auch noch eine warme Wohnung haben und Licht anmachen können und gesunde Nahrungsmittel auf dem Tisch haben.

Eine warme Wohnung brauchen sie bei der Klimaerwärmung ja nicht mehr.

KATRIN GÖRING-ECKARDT   So viel wärmer wird es dann doch nicht, vor allem nicht überall. Es ist unheimlich abstrakt sich vorzustellen, dass aufgrund unseres Ressourcenverbrauchs, aufgrund unseres CO_2-Ausstoßes bestimmte Lebensräume gar nicht mehr da sein werden, weil sie überschwemmt sind. Und die Menschen, die deswegen nicht mehr in ihrer Heimat leben können, werden irgendwann vor unserer Haustür stehen. Wenn wir sagen: Was wollt ihr denn hier?, dann werden sie antworten: Es tut uns leid, aber eure Autos, eure Art zu produzieren, eure Lebensweise – das klingt jetzt ganz banal, aber letztlich ist es so banal – haben dafür gesorgt, dass es unser Land nicht mehr gibt. Damit werden wir zurechtkommen müssen. Das hat nichts mit „die Erde schlägt zurück" zu tun, weil man sich das im Grunde recht zuverlässig ausrechnen konnte, weil es Menschen auch ausgerechnet haben und dieses Wissen allen zugänglich ist – Universitätsprofessorinnen, Politikern, Zeitungslesern, Wählerinnen. Das ist keine Naturgewalt, das ist nichts Verrücktes, nichts, was von Ferne kommt, sondern das kann man mit Hilfe naturwissenschaftlicher Erkenntnisse ganz einfach durchschauen.

Da sagen die Kritiker der Klimawandel-Apokalypse, dass sich die Welt immer schon gewandelt hat, es immer Verschiebungen und klimatische Veränderungen gegeben hat und gibt.

KATRIN GÖRING-ECKARDT Klar gibt es die und mit denen muss man außerdem umgehen. Aber der CO_2-Ausstoß hat eben eine reale Wirkung. Und die menschengemachten Klimaveränderungen waren noch nie so drastisch wie heute. Die Zahl der Leute, die das noch bezweifeln, wird randständig. Man kann auch sagen, dann ist das eben so mit dem Klimawandel, dann leben wir halt auf weniger Fläche mit immer mehr Menschen. Man kann das auch ganz entspannt sehen, aber dann muss man mit den Konsequenzen leben, mit enormer Migration, mit weniger Wohnraum. Oder nehmen wir die Geschmacksfragen. Vor der eigenen Haustür bitte keine Windräder: Da wird noch jedes alte Vorurteil herausgeholt, bis zur Geräuschkulisse und zu den Windrädern der ersten Generation, denen tatsächlich noch Vögel zum Opfer fielen. Die Vergangenheitsapostel, die der Meinung sind, es dürfe sich auf und an unseren Häusern auf keinen Fall irgend etwas sichtbar verändern, weil wir eben nicht in Altes eingreifen sollen, haben in meiner Sicht zwei Probleme. Einmal haben sie nicht verstanden, dass wir das längst und ganz massiv tun, dass ihre Inseln des guten Geschmacks eine Anfechtung sein müssen für die, denen wegen des Klimawandels, wegen unserer Art Energie zu produzieren und der Menge, die wir verbrauchen, längst elementarer Lebensraum fehlt. Aber wir finden, dass uns der Anblick von Solaranlagen auf alten Ziegeldächern stört? Was denken diejenigen darüber, deren Wälder abgeholzt sind, was denken diejenigen, deren Dörfer – ja auch in Deutschland – komplett abgebaggert wurden, weil darunter noch das letzte bisschen Kohle lag? Natürlich, wer es sich leisten kann, der oder die wird sich seine Insel der Unversehrtheit erhalten können. Dann noch ein Zaun darum und schon wird man nicht mehr behelligt. Die Realität ist allerdings längst eine andere und dort wird die Energie-, die Klimawandel-, die Umweltfrage tatsächlich zur sozialen Frage. Natürlich geht es nicht darum, mutwillig Ästhetik zu zerstören. Aber womöglich brauchen wir ja auch ein neues Verständnis von Ästhetik. Als vor hunderten Jahren die alten Windmühlen gebaut wurden, fanden das viele Menschen schrecklich. In alten Chroniken kann man nachlesen, wie das Landschaftsargument, vor allem aber die Frage traktiert wurde, ob es denn statthaft sei, ein Gebäude zu errichten, das ebenso groß ist wie eine Kirche, das sie mit seinen Flügeln sogar womöglich überragt. Heute erfreuen wir uns an den alten Windmühlen in der Landschaft und betreten sie als historische und technische Museen. Aber es ist natürlich auch geboten und interessant, welche Möglichkeiten es inzwischen gibt: Kollektoren, die aussehen wie Dachziegel, Photovoltaikanlagen, die Teil der Fassade oder der Fenster sind – hier lohnt es sich tatsächlich, auch Kraft und Ideen zu investieren. Bei denen, die in erster Linie alles so lassen wollen wie es ist, muss der platte Spruch herhalten: Nur was sich ändert, bleibt.

ELLEN UEBERSCHÄR Der Klimaforscher Hans Joachim Schellnhuber hat das genauso beschrieben, wie du sagst. Die Folgen werden furchtbar sein. Sein letzter Strohhalm sei die – etwas unwissenschaftliche – Hoffnung, dass die Klimaforschung irgendetwas Entscheidendes übersehen hat, dass es in der planetarischen Maschinerie einen Selbststabilisierungsmechanismus gibt, der plötzlich anspringt und alles gut werden lässt.

KATRIN GÖRING-ECKARDT Ja, es kann auch ganz anders kommen.

ELLEN UEBERSCHÄR   Das ist doch ein irrer Gedanke. Alles wird gut. Ein religiöser Satz von einem Wissenschaftler, eine Hoffnung, die an die Apokalypse erinnert. Das ganze CO_2, alles ein Vorbote für einen Prozess, der zur Rettung der Welt anspringt, von dem wir nichts wissen. Vom Reich Gottes wissen wir ja auch nichts. Wir haben nur unsere Bilder.

Dieses Gefühl, die Erde könne jetzt „zurückschlagen", es reicht ihr ausgebeutet und beherrscht zu werden und sie „rächt" sich mit Katastrophen, ist das ein psychisches Ventil, weil man dieses Unbehagen in sich hat und denkt, wir sind hier die Störenfriede?

KATRIN GÖRING-ECKARDT   Vielleicht ist das einfach ein Ausdruck davon, dass man plötzlich erschrickt über das eigene Handeln. Oder am besten nur über das Handeln derjenigen, die die Verantwortung tragen, in der Regel ist man das ja nicht selber, will es jedenfalls nicht gewesen sein. Dieser Wunsch nach Gleichgewicht und nach der Wiederherstellung von Gleichklang, der ist da und der drückt sich auch in einer solchen Formulierung aus. Aber die beschreibt eben nichts Reales. Ich habe eine

Bibelstelle besonders lieb gewonnen, und zwar Matthäus 6,19 – 21, in der Jesus sagt: „Sammelt keine Schätze hier auf der Erde! Denn ihr müsst damit rechnen, dass Motten und Rost sie zerfressen oder Einbrecher sie stehlen. Sammelt lieber Schätze bei Gott im Himmel. Dort werden sie nicht von Motten und Rost zerfressen und können auch nicht von Einbrechern gestohlen werden. Denn euer Herz wird immer dort sein, wo ihr eure Schätze habt." Bei den meisten dieser alten Texte ist es ja so, dass man sie erst 20-mal lesen muss, bevor man begriffen hat, worum es geht und was es heute bedeutet. Aber Motten und Rost, das ist einfach. Man weiß ganz genau, wenn eine Motte erst einmal in dem Wollpullover ist und man sie nicht rechtzeitig wenigstens entdeckt, dann kann die Motte den Pullover komplett zerfressen. Mit Löchern ist er nicht mehr schön, man kann ihn dann nur noch wegwerfen. Man kann ihn noch nicht einmal recyceln, indem man ihn auseinandertrennt und etwas Neues daraus strickt. Und vielleicht war der Pullover ein echtes Lieblingsstück. Beim Rost ist es so ähnlich, man kann alles Mögliche versuchen. Am Anfang geht das auch noch, da kann man ihn abschleifen. Aber irgendwann ist das, was vom Rost befallen wurde, nicht mehr zu gebrauchen. Dieses Bild von den Motten und dem Rost sagt mir ganz viel über den Umgang mit den Dingen, die uns wichtig sind oder doch eigentlich sein müssten. Von denen wir denken, sie sind einfach da. Also der Wollpullover, der ist einfach da, den habe ich schon jahrelang und da ist nie etwas passiert. Doch dann kommt eben plötzlich diese Motte. Und es passiert doch etwas, weil ich nicht aufgepasst habe, weil ich nicht aufmerksam war, weil ich mein Herz woanders „hingehängt" habe und meinen Wollpullover tatsächlich vergessen hatte.

ELLEN UEBERSCHÄR Die Rede von der Erde, die „zurückschlägt", das ist für mich ein typischer Anthropomorphismus, der es leichter macht, sich zu erklären, was passiert. Die Natur, die reagiert wie wir Menschen. Erst dann können wir uns vorstellen, wie das funktioniert. So ist es auch bei unserm Gottesbild. Viele von uns haben noch das Bild, Gott sei ein Mann – das denken leider viele, es steht zwar nicht in der Bibel, aber es hat sich so festgesetzt in den Köpfen. Und der reagiert oft mit Kampf. Es ist ja auch eine Grundeigenschaft des Männlichen. Für mich ist das die Weigerung zu akzeptieren, dass es komplexere Zusammenhänge gibt als dieses einfache Schema von Gut und

Böse und Kampf. Sich auf den Weg zu machen und zu sehen, die Welt ist doch gar nicht so einfach, das ist unbequem. Stattdessen denkt man, alles verhält sich so, wie ich es machen würde, und deswegen weiß ich genau, wie das alles funktioniert. Das nicht zu tun, sondern sich zurückzustellen und zu fragen, was gibt es für Zusammenhänge, die ich vielleicht noch gar nicht entdeckt habe, was wirkt hier eigentlich und wie ist meine Position in dem Ganzen – dem setzen sich Menschen nicht gerne aus. Aber bei einem Satz wie „die Erde schlägt zurück", da hat man dann eine einfache Lösung. Wenn man geschlagen wird, dann schlägt man zurück. Insofern ist auch die Reaktion wieder klar.

KATRIN GÖRING-ECKARDT Oder man hält die andere Wange hin.

ELLEN UEBERSCHÄR Ja, das würde der Bergpredigt entsprechen. Aber das fällt uns schwer, auch gegenüber der Natur.

KATRIN GÖRING-ECKARDT Das wäre hier in diesem Fall aber ja auch nicht so einfach zu bewerkstelligen.

Eine nicht anthropozentrische Weltsicht löst große Unsicherheit aus. Wenn wir uns das mal so vorstellen, unter uns diese Erdplatten, die sich verschieben, und der glühend heiße Magma-Kern. Über uns das Weltall, dunkel und eher unübersichtlich. Und dazwischen wir, wir kleinen, fragilen Menschlein. Das ist doch eine beängstigende Vorstellung. Vielleicht fehlt uns der Mut zu sehen, wie die Welt wirklich ist.

KATRIN GÖRING-ECKARDT Aber das ist das Großartige: Es ist total unübersichtlich, so unübersichtlich, dass wir es uns eigentlich am Ende nicht vorstellen können. Wir werden es immer versuchen und hoffen, dass wir es eines Tages verstehen. Und vielleicht erwischen wir einen Zipfel, und den haben wir verstanden. Und stellen dann fest, schade, haben wir es doch nicht begriffen. Der Mensch an sich ist ja nun relativ gut erforscht und trotzdem wissen wir letztlich nicht, wie das Gehirn funktioniert. Wir haben also schon nicht verstanden, wie wir selbst funktionieren. Damit geht es schon los, obwohl man sich selbst ja am besten kennt. Und doch versteht man manchmal nicht, was man tut, was mit dem eigenen Körper los ist, was man denkt und wie man auf irgendetwas kommt. Und auch die Forschung hat es nicht geschafft, das zu erkennen, und erst recht nicht die größeren Zusammenhänge. Albert Einstein hat zwar die Relativitätstheorie entwickelt, aber dann ging es trotzdem nicht mehr weiter. Wir erkennen etwas, und mit dieser Erkenntnis tut sich eine neue Nichterkenntnis auf. Das ist auch etwas Wunderbares, finde ich. Wer möchte schon sich selbst komplett verstehen? Ich finde es ganz gut, wenn ich zwischendurch mal überrascht werde, und nicht nur von mir, sondern auch von anderen und von der Welt als solcher. Natürlich nicht von Katastrophen. Aber ich finde auch, das hat etwas Tröstliches, dass ich es nicht im Griff haben kann.

Ohne Gott ist der Gedanke, dass es so ist, dass wir kleine Wesen in einem unübersichtlichen Kosmos sind und ziemlich viele Dinge nicht im Griff haben, eigentlich schwer auszuhalten. Obwohl es ja viele Menschen doch können.

KATRIN GÖRING-ECKARDT   Ja, das schaffen viele und manchmal frage ich mich, wie die das ohne Gott aushalten können. Dann hält man vieles für Zufall oder für Natur oder ich weiß nicht was. Es ist schon sehr tröstlich zu wissen, dass Gott ist und dass es etwas Größeres gibt, als ich verstehen kann, etwas so Liebevolles wie meinen Gott noch dazu.

ELLEN UEBERSCHÄR   Auch Menschen, die keiner Konfession angehören, leben aber in Welten, in denen es Religion und religiöse Menschen gibt. Ich sehe das auch immer ein bisschen als eine Art stellvertretendes Religiös-Sein. Im Grunde sind die, die religiös sind, mit religiös für die, die es nicht sind. Wir erkennen das bei wissenschaftlichen Studien, etwa der Shell-Studie. Da wird gefragt, wie sich die jungen Leute entwickeln und was ihnen wichtig ist. Heraus kommt dann, dass die Nichtreligiösen genauso sozial sind, ihnen die Familie genauso wichtig ist. Das liegt natürlich auch daran, dass sie in einer Kultur, in einem Kontext leben, in dem über die Jahrhunderte die Religion diese Werte aufbewahrt hat und eigentlich heute auch noch tut. Es ist sozusagen in die Kultur eingeschrieben. Man wird immer wieder auf diese Muster zurückkommen. Der Sozialismus hat probiert, ein anderes, neues Muster zu finden und dann war es auf einmal nur das alte, aber ohne Gott und ohne Menschlichkeit; und das war dann auch das Problem.

KATRIN GÖRING-ECKARDT   Der Ministerpräsident von Baden-Württemberg, Winfried Kretschmann, hat mal ein kurzes Stück über den freien Sonntag geschrieben. Es gibt ja regelmäßig Streit darüber, ob insbesondere die Christen das Recht haben, auf dem freien Sonntag zu bestehen. Also Kretschmann meinte, dass der freie Sonntag ein Geschenk der Christen an die Welt ist. Nicht nur die Christinnen und Christen dürfen sich an diesem Tag ausruhen, sondern alle anderen auch. Ich glaube, wir haben eine ganze Menge Geschenke, die wir als Christinnen und Christen in die Welt mitbringen. Keine, die wir anderen aufzwingen müssten – das würden wir auch nie schaffen, schon gar nicht, wenn wir gleichzeitig sagen, wir wollen, dass der Mensch frei ist. Aber wir haben Geschenke, die man annehmen kann. Das trifft auf so etwas vermeintlich Unerhebliches wie den freien Sonntag zu. Dazu gehört aber auch, dass wir tröstend sagen können, es wird Dinge geben, die verstehen wir nicht. Es wird Dinge geben, die sind noch wichtiger als zum Beispiel die nächste Bundestagsabstimmung. Die Schätze sind im Himmel und nicht auf der Erde.

Können Sie sich ein Ende der Welt vorstellen? Die Bibel sagt klar, dass die Geschichte der Menschen mit einem großen Gottesgericht endet. Der Zeitpunkt ist ungewiss, aber dass es stattfinden wird, wird nicht bezweifelt. Ist die

Apokalypse ein reales Ereignis, das uns erwartet, oder nur eine veraltete biblische Vorstellung?

ELLEN UEBERSCHÄR Es gibt dieses Kinderlied: Gott hält die ganze Welt in seiner Hand. Ich glaube, dass die letzten, die allerallerletzten Fragen nicht in unserer Hand liegen. Wir können uns darüber natürlich Gedanken machen und können überlegen, wie wird das sein. Das ist eine interessante Frage nach der Entropie des Weltalls. Wohin entwickelt es sich oder wie lange wird es die Sonne noch geben oder wann ist die Erde ausgeglüht? Was passiert dann eigentlich, wenn dieser Glutkern abgekühlt ist? Ich finde es tröstlich und beruhigend zu wissen, dass das nicht meine Sorge sein muss, sondern dass ich mich in diesem Kosmos aufgehoben fühlen kann, weil ich weiß, das sind die allerletzten Dinge, die ich nicht beantworten muss.

KATRIN GÖRING-ECKARDT Ehrlich gesagt, ich glaube noch nicht einmal, dass ich darüber viel nachdenken muss. Ich kann nicht sagen, das interessiert mich, diese Endzeittheorien, etwa über den Maya-Kalender oder die Prophezeiungen von Nostradamus – weil ich weiß, ich habe es nicht in der Hand und ich muss keine Angst haben davor. Zurück zum Zitat meiner Großmutter: Die Wege des Herrn sind unergründlich und dennoch weise. Das hat sich in mein Herz eingebrannt. Wovor genau sollte ich Angst haben? Sollte ich mir vorstellen, wie das Ende der Welt ist, um davor Angst zu haben? Das ist total unnötig. Ich halte es mit Psalm 121: „Ich hebe meine Augen auf zu den Bergen. Woher kommt mir Hilfe? Meine Hilfe kommt vom HERRN, der Himmel und Erde gemacht hat. Er wird deinen Fuß nicht gleiten lassen, und der dich behütet, schläft nicht. Siehe, der Hüter Israels schläft und schlummert nicht. Der HERR behütet dich; der HERR ist dein Schatten über deiner rechten Hand, dass dich des Tages die Sonne nicht steche noch der Mond des Nachts. Der HERR behüte dich vor allem Übel, er behüte deine Seele. Der HERR behüte deinen Ausgang und Eingang von nun an bis in Ewigkeit!"

Gar keine Vorstellungen, wie das Ende der Welt aussehen könnte? Ein kosmischer Knall? Die paradiesische Besiedlung des gesamten Planetensystems? Gibt es nur eine kurze Ewigkeit und folgt dann große göttliche Stille? Die Generationen vor uns konnten sich ausmalen, wie es kommen wird, uns fehlt dafür inzwischen die Fantasie.

KATRIN GÖRING-ECKARDT   Oder wir haben zu viele Fantasien. Nein, das Ende der Zeiten ist der Anfang von etwas Neuem, das zu wissen reicht. Ob wir dabei sein werden und die Unseren, ist die Frage.

ELLEN UEBERSCHÄR   Dass es uns an Fantasie mangeln würde, kann ich nicht bestätigen. Die Endzeitfantasien boomen und unter amerikanischen fundamentalistischen Christen macht sich die sogenannte „left-behind"-Bewegung breit, die den apokalyptischen Endkampf ausmalt und diese macht den „rapture"-Gläubigen Konkurrenz, die genau wissen, wann und wie der Abflug der Gläubigen mit Jesus passiert. Aber sie haben natürlich das Problem – oder ist es gar kein Problem –, dass wir das Jenseits als Projektion für das gute Leben nicht mehr brauchen. Das Ende der Welt sagt uns eigentlich nichts. Ich würde mir schon wünschen, dass es so etwas wie eine endzeitliche Gerechtigkeit gibt, in der die Leidenden Würde erhalten, aber ich weiß auch, dass das ein Thema ist, um das wir uns hier und jetzt kümmern müssen. Bis zum Ende der Welt können wir damit nicht warten.

Anhang

KATRIN GÖRING-ECKARDT,
geboren 1966 in Friedrichroda (Thüringen), ist Präses der Synode der Evangelischen Kirche in Deutschland, seit 1998 Mitglied des Bundestages und seit 2005 dessen Vizepräsidentin. Sie gehörte 1989 zu den Gründungsmitgliedern von Demokratie Jetzt und Bündnis 90/Die Grünen.

DR. ELLEN UEBERSCHÄR,
geboren 1967 in Berlin, ist Pfarrerin, wurde an der Universität Marburg in kirchlicher Zeitgeschichte promoviert und ist seit 2006 Generalsekretärin des Deutschen Evangelischen Kirchentages.

DIE INTERVIEWER

AMET BICK,

geboren 1969, ist Theologin und arbeitet als Redakteurin und Lektorin im Wichern-Verlag.

ANDREAS LEHMANN,

geboren 1964, ist Redakteur der Zeitschrift „Das Magazin" sowie TV-Autor.